AIGC
带你玩转
〔电商直播〕

尤 影 著

江西科学技术出版社
江西·南昌

图书在版编目（CIP）数据

AIGC 带你玩转电商直播 / 尤影著. --南昌：江西科学技术出版社，2025.3. -- ISBN 978-7-5390-9478-6

Ⅰ．F713.365.2-39

中国国家版本馆 CIP 数据核字第 2025NX3485 号

AIGC带你玩转电商直播 尤 影 著
AIGC DAINI WANZHUAN DIANSHANG ZHIBO

出版 发行	江西科学技术出版社
社址	南昌市蓼洲街2号附1号 邮编：330009　电话：（0791）86623491　86639342（传真）
印刷	三河市双升印务有限公司
经销	全国新华书店
开本	710 mm × 1000 mm　1/16
字数	200千字
印张	13
版次	2025年3月第1版
印次	2025年3月第1次印刷
书号	ISBN 978-7-5390-9478-6
定价	78.00元

国际互联网（Internet）地址：http://www.jxkjcbs.com　　选题序号：KX2025093　　赣版权登字：-03-2025-34
责任编辑：朱 丽　　　　总 策 划：杨 青　　　出版统筹：柴占伟
策划编辑：杜若婷 师 圣　装帧设计：张 晴 章 越

版权所有　侵权必究

（赣科版图书凡属印装错误，可向承印厂调换）

前 言

　　电商直播作为一种新兴的线上购物方式，正逐渐改变人们的消费习惯。在这个全新的时代，AI 不再只是冷冰冰的技术，它逐渐变成了我们可以依赖的合作伙伴，帮助我们在各个方面提升效率、发挥创意与实现经济效益最大化。

　　本书《AIGC 带你玩转电商直播》旨在通过对 AIGC 技术与电商直播的结合进行深入解析，帮助读者掌握 AI 在电商直播领域中的应用，并通过一系列的实践案例引导读者了解如何利用 AIGC 工具实现更为高效的直播内容创作、选品决策以及直播效果优化。无论你是刚刚涉足电商直播的新人，还是已在这一领域深耕多年的从业者，这本书都将为你打开一扇通向 AI 赋能新世界的大门。

　　第 1 章将带领读者了解 AIGC 和电商直播的基本概念，帮助大家从宏观上了解 AI 如何在内容生成和直播过程中发挥作用。AIGC 的概念看似复杂，但通过通俗易懂的解释和具体的案例，相信读者可以迅速理解并开始对这一前沿技术充满兴趣。而对电商直播的介绍则会帮助读者了解这一行业的发展背景、现状及未来趋势。

　　第 2 章将重点介绍一些常见的 AI 模型，这些模型在 AIGC 中扮演着重要角色。无论是流行的 ChatGPT，还是国内的"文心""通义""可灵"大模型，每一个模型都有其独特的功能和应用场景。通过对这些模型的介绍，读者可以了解到如何借助这些工具生成适合电商直播的高质量内容，从而为后续的直播活动奠定基础。

　　第 3 章将展示 AI 如何帮助新手变身为直播达人。对于许多初次接触直播的人来说，如何进行有效的表达，如何吸引观众的注意力，如何推销产品等问题可能会感到困惑。本章将通过 AI 对直播技能的培训，帮助你掌握成为一名优秀主播所需的技巧，包括语言表达、肢体语言、观众互动等方面。

　　在第 4 章中，AI 将帮助你选择爆款商品。对于电商直播来说，选品是至关重要的一步，选择合适的商品可以大大提高直播的成功率。本章将介绍如何通过 AI 选择合适的市场赛道，以及如何通过 AI 对商品进行分析，选择适合直播的商品类型，最大程度地提升转化率。

第 5 章和第 6 章将带领读者进入直播内容制作的核心环节。第 5 章 AI 帮你写出吸睛直播文案和脚本，主要讲述 AI 如何帮助主播们撰写吸引眼球的直播文案与制作有趣的脚本，这些内容是成功吸引观众、激发购买欲的重要手段。第 6 章 AI 带你做直播间搭建则重点介绍直播场景的设计与搭建，包括背景、灯光等各个细节如何通过 AI 辅助来实现最佳效果，帮助你打造出专业的直播环境。

第 7 章介绍了 AI 如何在直播图片制作中大显身手。从产品图片设计到促销海报，再到商品包装的创意设计，AI 都可以为我们提供便捷而高效的解决方案。本章会通过实际操作指导你如何使用 AI 工具制作出高颜值的直播图片，为你的直播间增色添彩。

第 8 章讲述了 AI 在短视频内容创作中的重要作用。短视频作为直播前后宣传的一部分，能够有效提升直播的曝光率和观看量。本章将教你如何通过 AI 设计电商视频广告，撰写视频脚本文案，以及生成符合电商需求的短视频内容，为你的直播活动提供强有力的支持。

第 9 章 AI 帮你创建直播虚拟数字人是本书的亮点之一。虚拟数字人作为新一代的直播助手，已经逐渐进入大众的视野。本章将介绍虚拟数字人的基础知识，并带领读者通过实际操作创建一个属于自己的虚拟数字人。这不仅是技术的进步，更是电商直播未来发展的重要趋势。

通过本书，你将看到 AI 如何帮助我们从最初的内容创作到最终的直播呈现，全面覆盖电商直播的各个环节。AI 的强大之处不仅在于它能节省我们的时间和精力，更在于它可以激发我们的创造力，帮助我们不断拓展商业的边界。在充满竞争与挑战的电商直播领域，AI 不只是你的助手，它更是你迈向成功的跳板。

无论你是创业者、直播达人，还是对 AIGC 技术感兴趣的技术爱好者，本书都将为你提供全面的指导与实用的工具，让你在电商直播的浪潮中乘风破浪，走得更远。希望通过这本书，能让每一位读者都找到属于自己的电商直播成功之道，用 AI 的力量开启无限的可能。

为了还原 AI 的答案，本书针对 AI 所给出的答案，我们尽量不做任何处理，所以可能其中会出现部分语法和文字瑕疵等。在本书撰写过程中，会使用诸如文心一言、通义千问等文字生成工具，文心一格、通义万相等图片生成工具，以及可灵等视频生成工具。请知悉。

第1章 了解 AIGC 和电商直播

1.1 了解 AIGC 2
1.2 了解电商直播 11

第2章 常见 AI 模型

2.1 ChatGPT 20
2.2 "文心"大模型 39
2.3 "通义"大模型 46
2.4 "可灵"大模型 61

第3章 用 AI 培养直播达人

3.1 变身新手带货主播 68
3.2 专业主播技能大揭秘 78

第 4 章
AI 教你选择爆款商品

4.1 如何挑选合适的赛道　　　　　　　　　　　　88
4.2 常见选品类型分析　　　　　　　　　　　　　97

第 5 章
AI 帮你写出吸睛直播文案和脚本

5.1 AI 直播文案写作　　　　　　　　　　　　　108
5.2 AI 脚本制作　　　　　　　　　　　　　　　115

第 6 章
AI 带你做直播间搭建

6.1 场景搭建　　　　　　　　　　　　　　　　122
6.2 AI 辅助场景之背景搭建　　　　　　　　　　127
6.3 AI 辅助场景之灯光设置　　　　　　　　　　132
6.4 直播间场景优化　　　　　　　　　　　　　135

第 7 章
AI 帮你做直播图片

7.1 设计产品图片　　　　　　　　　　　　142
7.2 高颜值促销海报　　　　　　　　　　　　147
7.3 商品促销方案图片　　　　　　　　　　　151
7.4 商品包装　　　　　　　　　　　　　　　158

第 8 章
AI 教你做直播短视频

8.1 电商视频广告设计分析　　　　　　　　　166
8.2 视频脚本文案与视频生成　　　　　　　　168

第 9 章
AI 帮你创建直播虚拟数字人

9.1 虚拟数字人基础知识　　　　　　　　　　182
9.2 实战之虚拟数字人创建　　　　　　　　　188

写在最后　　　　　　　　　　　　　　　　　195

第1章

了解 AIGC 和电商直播

数字化时代，AIGC 正在改变人们的生活方式和商业模式，那么什么是 AIGC 呢？AIGC 就是人工智能生成内容（Artificial Intelligence Generative Content），也就是让 AI（人工智能）自己动手创作各种各样的内容，比如图片视频音乐、文字等。这是一种新型的创新技术，正在重新定义内容创作的规则。随着技术发展，AIGC 在各个领域的应用正日益广泛，特别是在电商直播领域，通过人工参与内容制作，电商主播和运营者能更加高效地生成商品介绍、直播脚本和视觉性素材等，可以提升其工作效率和用户体验。

1.1 了解 AIGC

2024 年 10 月 8 日，2024 年诺贝尔物理学奖，授予了约翰·霍普菲尔德（John J. Hopfield）和图灵奖得主、"AI 教父"杰弗里·辛顿（Geoffrey E. Hinton）。获奖理由是，表彰他们"利用人工神经网络实现机器学习的奠基性发现和发明"。

1.1.1 AI 是什么？

要了解 AIGC，首先要明确 AI 是什么？AI 简单说就是让机器能够像人一样思考和解决问题，它可以使电脑理解人说的话，识别图片和文字，和人聊天，解决各种问题，学习新知识，甚至执行实际操作，比如说控制机器人或者驾驶汽车等。它的神奇之处在于赋予机器听、看、学、行的能力。

人工智能是一个综合性极强的科技领域，它集合了计算机科学、心理学、哲学和神经科学等多学科知识，旨在创造能够执行人类认知任务的人造系统。这些系统通过接收输入（数据或感知信息）并应用算法处理这些信息，以完成特定的功能或任务，通常这些任务与人类或其他动物的认知功能相关。

人工智能可以根据其能力和应用范围分为两种基本类型：弱人工智能和强人工智能。弱人工智能，也称为专用人工智能，专门设计来处理一项或几项特定任务，例如语言翻译、股市分析或自动驾驶。这种类型的 AI 在其特定领域内可能展现出超越人类的效能，但它们缺乏真正的理解或意识，其功能受到创建时设定的限制。与之相对的是强人工智能，理论上这类 AI 能够执行任何认知任务，具备意识、自我意识和情感。强人工智能旨在不仅复制人类的行为，还能理解和学习任何一种人类可以执行的智能行为。不过，尽管理论上的描述非常吸引人，强人工智能目前仍然处于研究和探索阶段，现实中尚未实现。

人工智能的核心目的在于模仿、延伸乃至扩展人类智能，通过提高机器的功能和自主性，以服务于人类社会的更广泛领域，推动技术和社会的进步。随着技术的发展，人工智能的应用和理论将继续扩展，为未来的科技革新和社会发展开拓新的可能。

1.1.2 AIGC 是什么？

AIGC 就是人工智能生成内容，可以使用 GPT 等 AI 工具，了解 AIGC 是什么？

AIGC是什么？

AIGC（人工智能生成内容，Artificial Intelligence Generated Content）是指使用人工智能技术生成的内容。这种技术可以应用在更多领域，包括文本、图像、音频和视频内容的生成。

（1）文本生成

利用 AIGC 技术，人工智能模型可以根据给定的指令或数据自动生成文章、报告、故事、诗歌等文本内容。这些模型通常是基于大量文本数据训练的，如 GPT 系列模型，能够理解和生成具有一定逻辑和语言流畅性的文本。

（2）图像和视频生成

在图像和视频生成领域，AIGC 技术可以创造出全新的视觉作品，如画作、照片风格的图像和动画视频。模型如 Stable Diffusion 等，通过理解色彩、形状和空间关系，能够生成具有高度创意性和视觉冲击力的视觉内容。

（3）音频生成

音频生成包括音乐、语音和声音效果的自动化制作。例如，AI 可以根据特定的风格和旋律参数创作音乐，或者模拟特定人声进行语音合成。

（4）应用场景

AIGC 的应用场景极为广泛，包括但不限于：

内容创作：自动写作和艺术创作，帮助内容创作者扩展创意和提高生产效率。

教育培训：生成定制化的学习材料和模拟交流场景，用于教学和培训。

媒体与娱乐：自动生成新闻报道、电影剧本或视频游戏的环境和角色。

商业广告：创造吸引人的营销材料和广告内容。

AIGC 技术为创造和表达提供了新的可能性，同时也引发了关于原创性、版权和伦理等方面的讨论和挑战。

1.1.3 AIGC 是怎么发展起来的

人工智能起源于 1950 年，英国数学家阿兰·图灵提出了"图灵测试"——如果一台机器能够通过对话表现得像人类，那么我们就可以认为它具备了智能。

（1）人工智能萌芽与探索

1956 年的夏天，一群先驱科学家，包括麦卡锡和明斯基，在美国的达特茅斯学院聚集，开展了一场关于机器如何模仿人类智能的讨论，这次会议叫作达特茅斯会议，在这次会议上首次明确提出了"人工智能"这个术语，从此开启了人工智能学科的历史篇章。

从那时起的十年间，人工智能领域经历了初步的繁荣。伴随着创新的概念和理论的涌现，大量研究人员纷纷投入这一新兴领域，期间涌现出了多项引人注目的成就：

1959年，人类见证了第一台工业机器人的问世。

1964年，世界上第一台聊天机器人被创造出来。

▶ 早期发展瓶颈

20世纪50年代至70年代是人工智能（AI）早期发展的关键时期。在此阶段，研究人员希望通过规则系统来模拟人类思维，这种方法被称为符号主义（Symbolism），主要依赖逻辑和规则推理的复杂计算。这种方式在初期取得了一定的成果，比如能够解决特定问题的专家系统。然而，随着研究的深入，AI遇到了重大的技术瓶颈，尤其是在面对复杂的现实问题时。

早期的AI系统大多只能处理预设的规则，无法应对超出这些规则范围的变化。这种限制让AI的实际应用能力显得相当薄弱。研究人员意识到，现实中的问题比他们最初设想的要复杂得多，很多情况无法通过简单的逻辑规则来解决。AI系统需要更灵活的推理和学习能力，而这在当时的技术水平下难以实现。硬件设备的性能也严重制约了AI的进步，计算能力和存储资源的匮乏让AI系统处理庞大数据的能力不足。

这些技术上的限制，加上AI无法满足过高的预期，导致了AI发展的第一个"寒冬"——一个时期内研究资金减少，公众信心下降，研究进展放缓。然而，这一阶段的挫折也为后来的突破打下了基础，推动研究人员思考新的方法，如机器学习和神经网络的兴起。AI虽然经历了挫折，但它的潜力并未被彻底否定，而是进入了新的探索阶段。

▶ ELIZA

1966年，麻省理工学院科学家Joseph Weizenbaum在ACM上发表了科学性论文——"ELIZA-a computer program for the study of natural language communication between man and machine"，文中提到一个新的词汇即ELIZA，这是一个早期的人工智能的程序，是人工智能历史上的一个重要的里程碑，

也可以称作为第一个尝试通过自然语言处理与人进行对话的计算机程序。其聊天界面如图 1-1 所示。ELIZA 最著名的实现是"心理治疗者"模式，特别是模拟罗杰斯心理治疗的方式。在这个模式中，ELIZA 通过重复用户的话或提问，形成一个看似理解用户言语的印象。ELIZA 使用了一种简单的模式匹配技术和脚本语言，称为"转换规则"，来分析用户的输入并生成回复。这种方式使得 ELIZA 能够对输入进行一些基本的响应，但实际上它并不理解对话的内容。

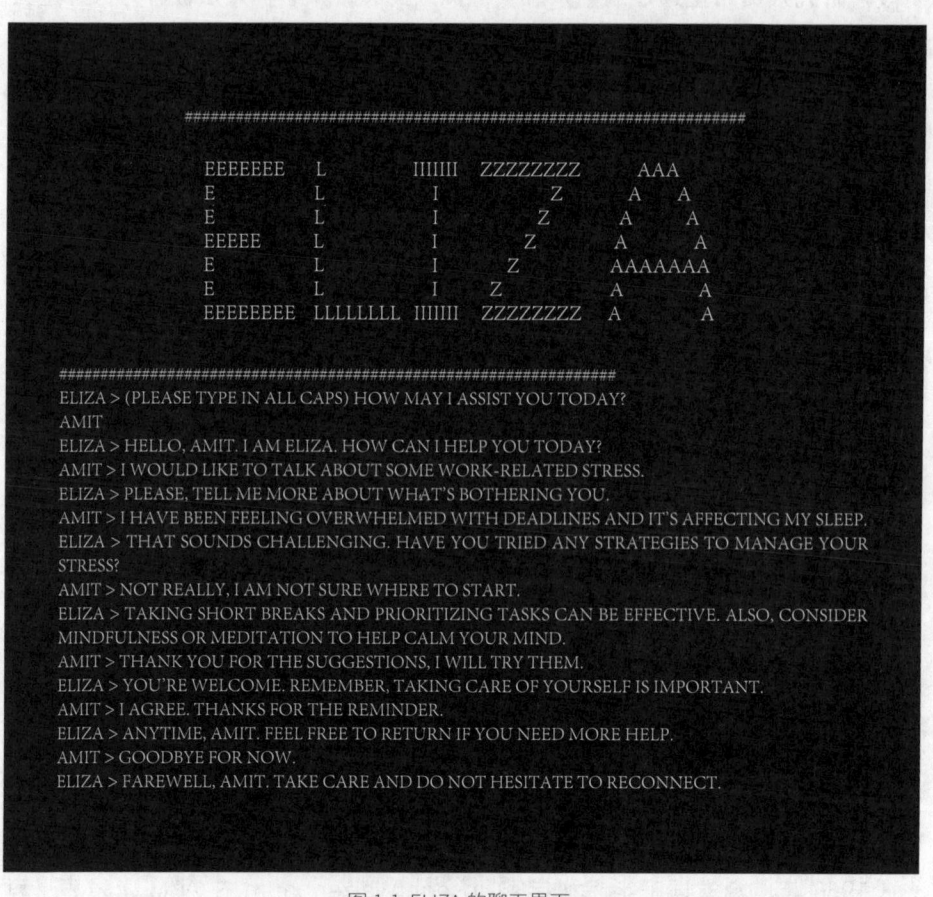

图 1-1 ELIZA 的聊天界面

▶ 专家系统

DENDRAL 是 20 世纪 60 年代末由斯坦福大学的爱德华·费根鲍姆（Edward Feigenbaum）等科学家开发的计算机程序，它被公认为人工智能历史上第一个"专家系统"。DENDRAL 的设计初衷是帮助化学家进行分子结构的分析，特别是用于确定有机分子的分子结构。这一程序的问世标志着人工智能领域中的专家系统和知识工程研究的开端。

DENDRAL 主要由两个核心模块组成，分别是知识库和推理机。

知识库可以理解为一个巨大的"图书馆"，其中存储了化学领域的专业知识、分子结构的规则和实验数据。通过不断积累和更新，这个知识库得以逐步扩展，囊括更多的专业信息和化学规则。DENDRAL 利用这些数据为用户提供基于科学知识的分析支持。

推理机是专家系统的关键部分，能够模拟专家的推理和判断过程。它从知识库中提取必要的信息，通过逻辑推理和分析，生成分子结构的可能性方案。具体来说，推理机根据用户提供的分子成分、分子质量和其他实验数据，在知识库中查找相关规则，并以此为依据来推测分子的可能结构。最终，它将给出最符合条件的结构建议。

DENDRAL 的诞生开启了将知识和推理引入计算机系统的先河，使得计算机不再只是被动的数据处理工具，而是具备了辅助决策的能力。它的成功验证了专家系统的可行性，并展示了通过知识库和推理机结合来解决复杂问题的潜力。这种模式后来成为许多专家系统的设计基础，被应用于医疗诊断、金融分析、机械维护等众多领域。

▶ 感知器

人工智能发展的早期阶段，感知器被视为模拟人脑工作方式的初步尝试。这一时期的人工智能研究者希望借助简单的数学模型实现人类大脑的某些功能。感知器阶段由神经科学和心理学的启发发展而来，目的是设计一种能够"学习"二元分类问题的机器，比如判断"是"或"否"的情况。感知器模型的核心思想是模仿神经元的"激活"过程，通过加权输入并与阈值比较，输出分类判断。

感知器以一种"加权求和"的方式来处理输入数据。简单来说，输入的数据可以看作一个个特征，比如对于水果的判断，颜色、大小、形状等都可以作为特征输入。感知器会给这些输入特征分配权重，用于表示它们在分类判断中的重要性。输入特征经过加权求和，结果与一个"阈值"进行比较。假如这个和值超过阈值，感知器的输出会是"1"（表示属于某类，如苹果），否则输出就是"0"（表示属于另一类，如橘子）。这种模式让感知器可以"学习"如何区分两种结果。

尽管感知器在简单分类任务中表现良好，但它的主要问题在于只能解决线性问题。换句话说，感知器只能处理那些可以用一条直线分开的数据，而不能处理更复杂的分类问题。例如，马文·明斯基的研究指出，感知器无法解决"异或（exclusive OR 简称 XOR）"问题。XOR 问题的逻辑是，如果输入只有一项为真则输出为真，而如果两项都为真或两项都为假则输出为假。这种情况无法用单层感知器处理，因为数据不可能用一条直线划分，需要非线性的方法才能实现。

明斯基在 1969 年与西蒙·派珀特合著的《感知机》一书中揭示了单层感知器在处理 XOR 问题上的不足，这一发现让许多人工智能研究者对神经网络的前景感到失望。由于单层感知器无法处理非线性问题，而当时还没有有效的方法来训练多层感知器，神经网络的研究一度陷入停滞。这个时期被称为人工智能的"低潮期"，因为人们意识到，要实现复杂的智能系统，仅仅依靠感知器这样的简单模型是远远不够的。

虽然感知器有明显的局限，但它为后来的研究奠定了基础。科学家逐渐认识到，只有构建多层感知器，即更复杂的神经网络，才能解决非线性问题。然而，训练这种多层网络的算法还不成熟，直到后来反向传播算法的提出，才让人们能够有效地训练多层神经网络。这一进展使得神经网络的研究再次活跃起来，并成为现代深度学习的基础。感知器阶段是人工智能发展的一个里程碑。尽管它本身受限于线性问题，但它带来了计算机模仿人脑思维的尝试，让人们对"机器学习"有了最初的概念，并为多层神经网络和深度学习的诞生打下了基础。在今天的人工智能领域，感知器的原理依然存在于各类模型中，它的核心思想在深度学习的复杂结构中得到了传承和扩展。

（2）机器学习阶段的人工智能

机器学习的发展阶段可以看作人工智能历史中的一次重要转变。早期的人工智能依赖于硬编码的规则和逻辑，这要求程序员输入详尽的指令和知识，以便机器能够执行特定任务。然而，这种方法的局限性很快就显现出来，尤其是在处理复杂或未知问题时，机器往往表现得不够灵活或有效。

机器学习的出现标志着一种全新的方法。这一阶段，机器不再仅仅依赖程序员提供的规则，而是通过分析和学习大量的数据来"自我教育"。简单来说，机器学习使得计算机能够通过观察、实验和优化来自行发现如何解决问题的方法。这种方式类似于人类学习新事物的方式——通过大量的例子和重复实践，逐渐掌握规律和技能。

以"深蓝"为例，它通过分析成千上万种可能的棋局来选择最优的下一步。它不仅仅是遵循固定的规则，更多的是在不断的尝试和失败中学习如何取得胜利。这一过程中，"深蓝"通过对巨大数据量的处理和模拟，优化自己的决策过程，从而能够在棋局中预测并超越人类对手。

（3）深度学习阶段的人工智能

深度学习阶段的人工智能是这一领域一个革命性的进步，主要依赖于大量数据和复杂算法的结合，来模拟人类大脑的学习过程。深度学习的核心是神经网络，这是一种设计灵感来自人脑的计算模型，包含有多层（或者说是"深度"）的处理层，每一层都负责从输入数据中提取并处理信息。

深度学习能够自动从大量数据中学习到复杂的模式和特征。在传统的机器学习模型中，需要人工提取特征并选择模型，这既耗时又可能因为人为选择不当而限制模型的性能。而在深度学习模型中，模型自动从数据中学习特征，无须显式地编程。这使得深度学习在图像识别、语音处理和自然语言理解等多个领域表现出超越传统方法的能力。以图像识别为例，深度学习模型会通过多个层次逐步理解图像内容。在初始层，模型可能只识别简单的图像特征，如边缘和角点。在更深的层次，这些初级特征被组合成更复杂的结构，如形状和纹理。在顶层，模型能识别出复杂的图像内容，如对象和场景。这种层次化的学习方法模仿了人脑在视觉处理中的工作方式。

　　深度学习的另一个关键优势是其能够通过"端到端学习"直接从原始数据到最终结果。这意味着，给定足够的数据，深度学习模型可以自动找到最优解决方案，而无须人工干预。例如，在 AlphaGO 这样的程序中，通过分析和学习数以千计的棋局数据，它能自动发现有效的策略和战术，最终达到或超越人类顶尖水平。这种学习能力的背后是巨大的计算资源，尤其是 GPU（图形处理单元）的广泛应用，它能够处理并行计算任务，极大地加快了深度学习模型的训练速度。此外，互联网的普及和数据的爆炸式增长提供了深度学习发展的基础，因为这些技术为训练复杂的模型提供了必需的大数据环境。

1.2 了解电商直播

1.2.1 揭秘电商直播

电商直播其实就是通过互联网进行的一种现场直播销售活动。商家通过视频直播的方式,像在电视购物频道一样,向观众展示商品。不同的是,消费者可以通过手机或电脑屏幕直接看到这些直播,并且可以实时与主持人(或者卖家)互动,比如提问商品的详细信息,或者直接在直播页面上点击购买商品。这种方式让购物变得更加直观和互动,消费者能够更清楚地了解产品的实际情况,并且可以即时获得回答,从而提高了购买的信心和满意度。这也为商家提供了一个直接展示商品并快速促成交易的平台。简单来说,电商直播就是一种通过直播视频卖东西的方式。

1.2.2 电商直播的背景

电商直播的兴起和发展背景是一个结合了技术进步和市场需求变化的有趣故事。早在2005年,直播技术开始进入人们的视野,刚开始时,主要是在电脑端流行,内容主要是以娱乐性的表演为主。随着时间的推移,2016年之后,智能手机的普及以及移动互联网技术的飞速发展使直播逐渐转向了移动端。这一转变让直播更加便捷,观众可以随时随地通过手机观看直播,极大扩展了直播的受众基础。

正是这种技术的普及,推动了直播内容的多元化。除了传统的秀场直播,更多领域的内容开始通过直播形式呈现,如体育赛事、在线教育课程,以及电商。

尤其是电商直播，它将传统的电视购物模式转变为在线互动购物体验。商家通过直播展示商品，消费者不仅能直接看到产品，还可以实时提问，甚至在直播过程中完成购买，这种新型的购物方式迅速受到市场的欢迎。

2019年被业界称为"直播电商元年"，电商直播迎来了快速的发展期。这种模式有效地结合了娱乐性和购物的便捷性，让消费者在享受观看直播的乐趣时，也能完成实时的购物决策。商家和品牌也因此找到了一种新的方式来接触和吸引客户，通过直播平台的大数据分析，更能了解消费者的偏好和行为，优化营销策略和提升销售效率。

电商直播的迅猛发展，不仅改变了传统的电子商务模式，也为平台提供商、内容创作者及相关服务业带来了新的商业机会。随着技术的进一步发展和市场的逐步成熟，电商直播预计将继续成为商业沟通和销售的重要形式。

1.2.3 电商直播的发展过程

中国的电商直播始于2016年，从那时起，它经历了三个主要的发展阶段：初步发展、逐渐成形和快速增长。随着这个行业的不断成熟，整个产业链变得越来越完善，行业规范也在逐步建立中。无论是当主播的还是看直播的消费者，都变得更加多样化了。目前，电商直播的发展速度非常快，许多商家和直播平台都在大力投入资源，支持这个领域的进一步发展。简而言之，电商直播正在快速成长，并受到了众多参与者的重视和支持。

（1）初步发展（2016—2017年）

2016年是中国直播电商行业迅速发展的一年，投资者们看好这个市场的未来，纷纷投资支持。那一年，国内涌现出了300多家线上直播平台，观看直播的人数也急剧增加。不过，最开始的时候，这些直播内容主要集中在游戏和其他娱乐领域。

在这样的背景下，2016年3月，蘑菇街这个平台做了一个大胆的尝试，它开始在直播中引入电商内容，也就是让观众在看直播的同时，可以直接购买主播推荐的商品。这种做法不仅增加了观众的购物便利，还大大降低了营销成本，提高了观众对平台的黏性，最终帮助平台实现了更好的流量变现。蘑菇街将这种模式称为"直播+内容+电商"的平台模式。看到蘑菇街的成功，其他大型电商平台如淘宝、京东等也纷纷跟进，陆续在自家平台上增加了直播功能，并且开始大力发展电商直播。例如，淘宝在2017年推出了"超级IP入淘计划"，旨在吸引更多的品牌和知名主播入驻，通过直播来推广商品。同年，蘑菇街也开始组建商家联盟，优化供应链，进一步推动直播电商的发展。到这时，所谓的"直播+电商"模式基本上已经形成了。

根据统计数据显示，到2017年，中国本土直播市场的交易规模已经达到了209.3亿元，这个数字充分展示了电商直播的强劲发展势头。在这一年中，不仅主播的类型变得更加多样化，商品种类和供应链也都变得更加丰富和完善。总的来说，电商直播不仅为消费者带来了新的购物体验，也为整个电商行业带来了新的生机与活力。

（2）逐渐成形阶段（2018年）

2018年，直播电商经过两年的发展，开始进入一个逐渐成形的阶段。这一年，淘宝利用"双十一狂欢节"这个大型购物活动，大力推广直播带货的概念。通过直播，主播可以实时向消费者展示商品的详细情况，并利用节日促销的氛围，吸引消费者进行购买，这种模式迅速受到市场的欢迎。

与此同时，一些新兴的短视频和社交平台，如快手和抖音，也开始涉足电商直播领域。与传统的电商平台不同，这些平台最初是以内容分享和社交互动为主，但他们很快意识到直播电商的潜力，并开始通过与第三方购物平台的合作，逐步向自产商品平台模式转变。这一转变使得这些平台能够砍掉中间商的利润，将供应链的上下游更好地整合在一起，不仅简化了商品的生产和销售过程，还解决了产业周期长的问题。

这些平台本身拥有强大的用户流量和社交影响力，这为直播电商的推广和发展提供了有力的支持。通过这种模式，平台能够将大量的流量转化为实际的购买行为，极大地推动了直播电商的发展。这一年，直播电商在技术、模式、市场推广等多方面都有了明显的进步和完善，开始展现出强大的市场潜力和广阔的发展前景。

（3）快速增长阶段（2019年至今）

2019年对于中国的直播电商行业来说，是一个真正的爆发年。这一年，不仅许多明星和政府电视台纷纷加入直播带货的行列，一些成名的直播主播，如李佳琦和薇娅，已经变得家喻户晓。直播带货这种现象不仅在网上引起了广泛的讨论，而且在社会各界也引发了热议。根据统计数据，2019年直播电商的成交额达到了惊人的4512.9亿元，比上一年增长了200.4%，这一数字充分展示了当年电商直播行业的发展速度之快。

到了2020年，"宅经济"因全球情况而迅速发展，这进一步推动了电商直播行业的扩张。在这种经济形势下，不仅是职业主播，连商场销售员、企业老板乃至公众人物也开始尝试成为主播，通过直播带货来挽救那些濒临破产的实体经济。直播的环境也变得更加多样化，主播们不再只是局限于室内的直播间，而是走进供应商的工厂和产品的原产地，这样做不仅让消费者能更直观地了解产品的生产过程，还大大丰富了消费者的购物体验。

随着越来越多的人加入电商直播行业，相关的政策和法规也开始陆续出台，以规范这个快速发展的市场。根据中国互联网络信息中心（CNNIC）发布的第 54 次报告，截至 2024 年 6 月，中国网民规模近 11 亿人（10.9967 亿人），较 2023 年 12 月增长 742 万人，互联网普及率达 78.0%。这一数据显示了电商直播的受众基础之广泛。这样的发展态势表明，电商直播不仅已经成为一种流行的购物方式，而且正在成为推动中国电子商务发展的重要力量。

1.2.4 电商直播的趋势

（1）内容更精细、场景更丰富

电商直播的未来趋势显示，它不仅会涵盖更精细化的内容，还将提供更丰富多彩的场景体验。随着科技的发展和电商行业的不断进步，直播的应用场景将变得更加多样化，向全渠道扩展的趋势也变得越来越明显。2021 年 6 月，中国的航天员在太空进行直播，向全世界展示了空间站的内部情况，这种创新的直播方式不仅让消费者感受到了科技的魅力，也拓展了直播的场景到了太空。

在技术层面，随着虚拟现实（VR）等科技的进步，直播电商正在利用这些技术提升观看体验。比如，使用 VR 技术可以让消费者在家中就能体验虚拟试衣或虚拟逛街，这种沉浸式的购物体验让人感觉仿佛真的在商店里挑选商品。未来的直播将更加注重针对不同消费者的个性化需求。直播内容将针对不同的群体，如老年人或二次元爱好者，提供定制化的内容和服务。这种方式不仅能满足各种兴趣、年龄和性格的消费者，还能加深商家与消费者之间的情感联系，成为连接信息的桥梁，并引领新经济的发展。

（2）行业发展更规范、竞争更激烈

随着直播电商行业的迅猛发展，这个行业也开始暴露出一些问题，比如虚假宣传和偷税漏税事件，这些问题引起了社会和监管部门的广泛关注。举个例子，有主播因为宣传虚假的产品被揭露，还有的因为逃税被罚了巨额罚款。这样的事件促使监管部门开始采取行动，到2020年已经发布了大约10份监管文件，这些措施不仅加强了对直播平台的管理，也增强了消费者权益的保护。

因此，我们可以预见，未来直播电商行业在商品质量、营销手段和售后服务等方面都将迎来更为严格的全面监管。这意味着行业的发展将变得更加规范，这不仅能减少消费者的疑虑，还有助于形成一个更健康、更可持续的市场环境。直播电商行业的竞争日趋激烈。目前，这个行业主要由淘宝、快手和抖音这三个平台领跑，形成了一种"一超两强"的竞争格局。淘宝由于起步较早，拥有更多元的产业渠道和更完善的供应链，因此一直占据着领头羊的位置。快手和抖音虽然起步稍晚，但凭借各自的特色和优势，也在市场中占有一席之地。此外，其他一些平台如拼多多、小红书和京东也在分一杯羹，这使得整个市场竞争异常激烈。

随着竞争的加剧，各个平台都在努力发挥自己的独特优势，通过平台间的融合发展和相互引流，进一步强化自己的商业模式和市场地位。这种激烈的竞争不仅推动了行业的创新，也使得消费者能享受到更多样化和高质量的直播购物体验。

（3）品类更丰富、品牌塑造更完善

随着电商直播行业的不断发展和成熟，我们可以看到两个非常明显的趋势：商品种类的丰富化和品牌建设的完善化。

商品种类在电商直播中变得越来越丰富和多样。以前，我们可能只在直播中看到服装、化妆品这类常见商品，但现在，从医药到艺术品，几乎各行各业的产品都可以在直播平台上找到。这种趋势不仅让消费者的选择更加多元，也帮助商家捕捉到了更多的市场机会。

品牌塑造在电商直播中也变得更加重要。现在，不管是新兴的品牌如花西子、完美日记，还是传统的大品牌如海尔，都在利用直播这一新兴渠道来推广自己的产品和加强品牌影响力。此外，一些知名主播也开始构建自己的品牌，通过直播带货，他们不仅销售商品，更是在塑造与消费者之间的信任和品牌忠诚度。在这个过程中，"直播+品牌"模式的崛起正逐渐改变传统的销售和营销模式。

伴随着品牌和产品种类的多样化，供应链管理和物流服务也在不断提升。为了确保消费者能够获得高质量的购物体验，许多直播平台和品牌正投资于更先进的物流配送技术，如智能化的配送系统和温控物流，尤其是在高要求的生鲜领域。这些努力都是为了让直播带货的服务更加专业化和多样化，同时保证商品从卖家到消费者手中的每一个环节都能达到高标准。

（4）主播多元化发展、人才培养更系统

电商直播行业正在快速发展，对主播和运营人员的需求也在急剧增加。随着"直播销售员"被官方认定为新职业，这个行业开始正式化和专业化。各大学校和企业联手，通过校企合作模式为学生提供实际操作的机会，不仅帮助他们了解直播的各个方面，还培养他们在直播运营、内容策划等领域的专业技能。

直播主播的发展也变得更加多元化和专业化。主播不仅是连接消费者和商品的桥梁，他们的角色和技能要求也在不断进化。随着 AI 和 5G 等先进技术的应用，主播们需要掌握更多技术知识，以适应这个行业的新趋势。除了技术进步，市场需求的变化和政府的监管也推动了主播职业技能的提升。随着社会对电商直播的接受度增高，这个行业吸引了不少年轻人将其视为职业选择。而在主播的类型上，除了传统的真人主播，虚拟主播和"银发主播"也开始崭露头角。虚拟主播因为成本低、操作灵活而受到欢迎；而"银发主播"则是随着社会老龄化的逐渐增加，为老年人提供了一种新的社交和经济活动方式。

1.2.5 AI 电商直播

2023 年，AI 技术迎来了其发展的黄金时期，频繁成为各大科技峰会讨论的热门话题。随着 AI 基础技术的不断进步，它在人类工作中的应用也日趋广泛，从基础的文案创作、语言翻译到 PPT 和海报设计，乃至高质量视频的生成，AI 技术使这些任务变得更加轻松。随着对 AI 技术在各个领域和市场的深入探索，包括营销在内的多个领域都开始尝试与 AI 技术结合，探索新的可能性。在电商领域，AI 技术的融入特别引人注目。当 AI 遇上电商直播，双方的结合预示着一场创新的革命。AI 可以通过分析大量数据来优化直播策略，比如通过观众的行为和偏好来调整直播内容，或者实时生成吸引观众的互动元素和个性化推荐。AI 还能在直播过程中自动处理语言障碍，实现实时多语种翻译，让直播的影响力跨越语言和文化的界限。通过这些高级功能，AI 不仅增强了直播的互动性和个性化，还极大地提升了用户体验和销售效率，开启了电商直播的新篇章。

第 2 章

常见 AI 模型

人工智能技术的飞速发展,市场上涌现出许多 AI 软件,这些软件极大地改变了人们的工作模式,提升了工作效率,并增加了工作的精确性。从自动化办公软件到智能数据分析工具,再到客户服务的聊天机器人,各类 AI 应用逐步渗透进商业活动的各个领域。本书将对当前市场上流行的 AI 软件进行全面梳理,帮助读者全面了解这些工具的功能与优势。

2.1 ChatGPT

人工智能的具体成就中，ChatGPT 有一席重要的地位，ChatGPT 是 OpenAI 开发的一种基于 Transformer 架构的语言模型，属于生成式预训练模型（GPT）的一种特定变体。它的主要功能是生成自然对话，利用深度学习技术处理自然语言任务。Transformer 架构通过自注意力机制来处理和理解序列数据，有效捕捉长距离的依赖关系，从而显著提高自然语言处理的效果。因此，ChatGPT 可以理解和生成人类语言，支持多种自然语言处理应用。

2.1.1 ChatGPT 对话界面

ChatGPT 的登录界面如图 2-1 所示，点击右上角的"登录"即可。

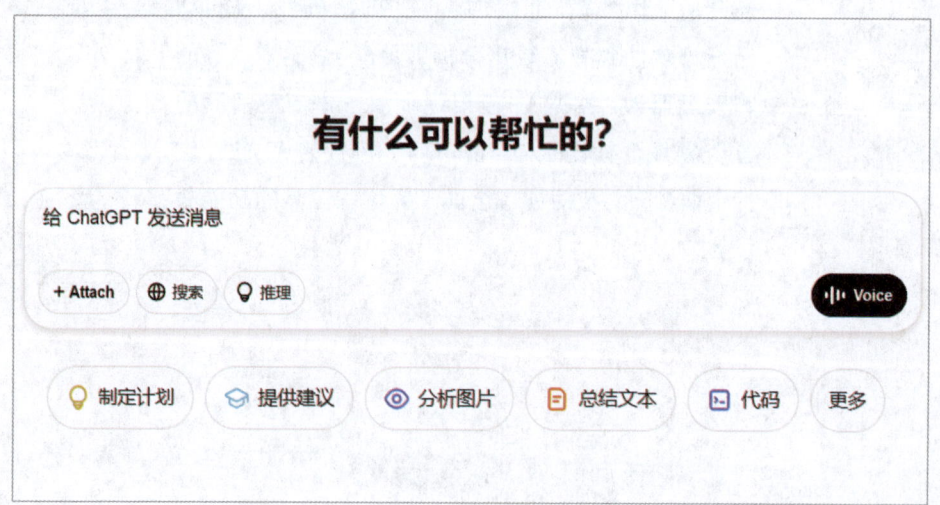

图 2-1 ChatGPT 的登录页面

跳转到如图 2-2 的界面，按照引导提示，输入电子邮箱和密码，即可登录 ChatGPT。

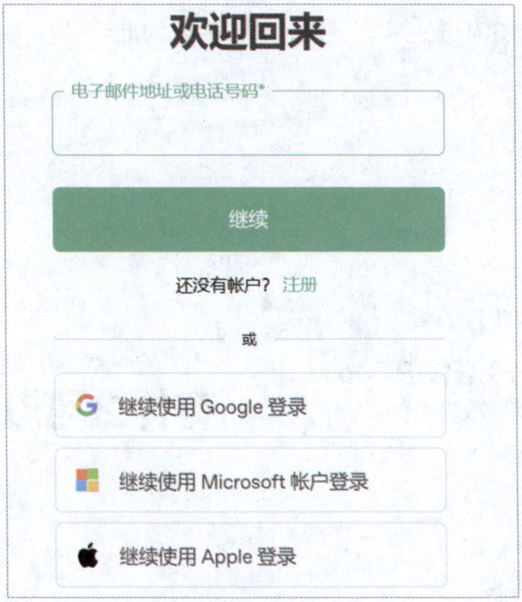

图 2-2 ChatGPT 的登录页面

登录成功会跳转到 ChatGPT 的主页面，如图 2-3 所示。

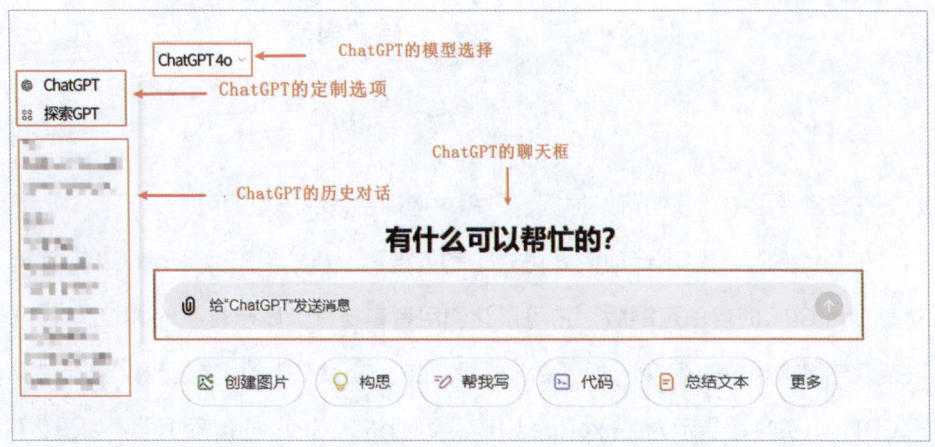

图 2-3 ChatGPT 的主页面

如图 2-3 所示，可以看到 ChatGPT 的主页面中分别有模型选择、定制选项、历史对话和聊天框。可以针对不同场景选择适合的工具即可。

在 ChatGPT 的模型选择区域中，现阶段有如图 2-4 等众多模型可供选择。需要注意的是，ChatGPT 是在实时更新，请以实际为准。

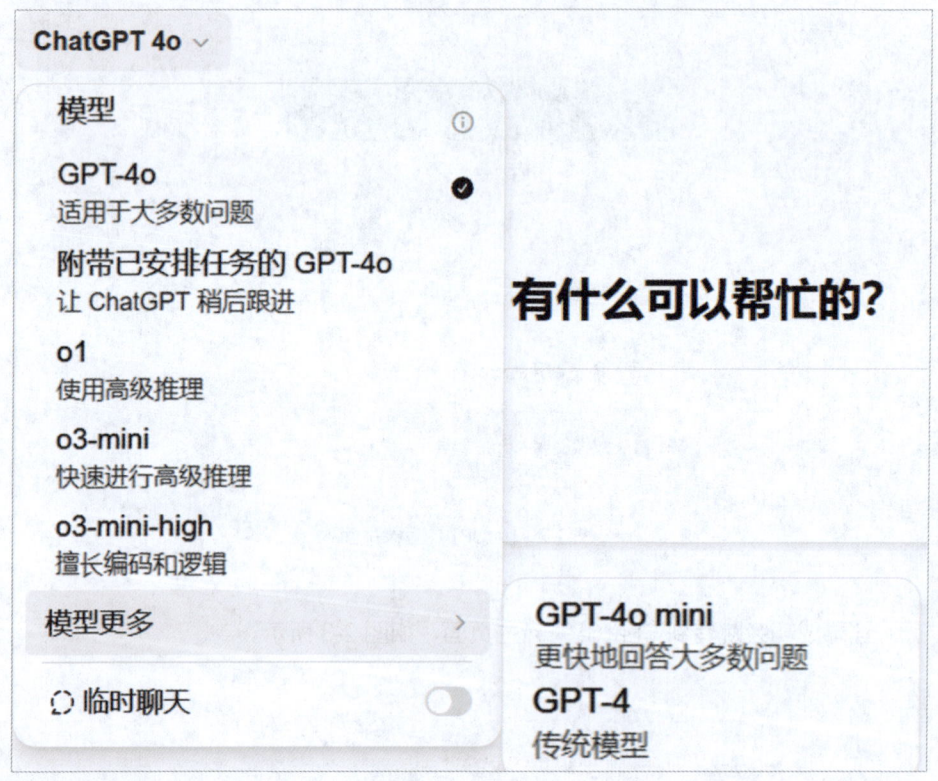

图 2-4 ChatGPT 的模型选择

在日常使用中，我们可以根据自己需求选择合适的模型即可。

在 ChatGPT 的定制选项中，可以定制或搜索专属的 GPTs，所谓 GPTs 其实就是 ChatGPT 的自由定制版，它可以让使用者量身打造属于自己的 AI 工具。可以搜索与需求相关的 GPTs，如图 2-5 所示，点击 ChatGPT 的定制选项，选择"探索 GPT"（英文版显示为：Explore GPTs）即可进入 GPTs 的搜索页面，如图 2-6 所示。

图 2-5 GPT 的工具栏

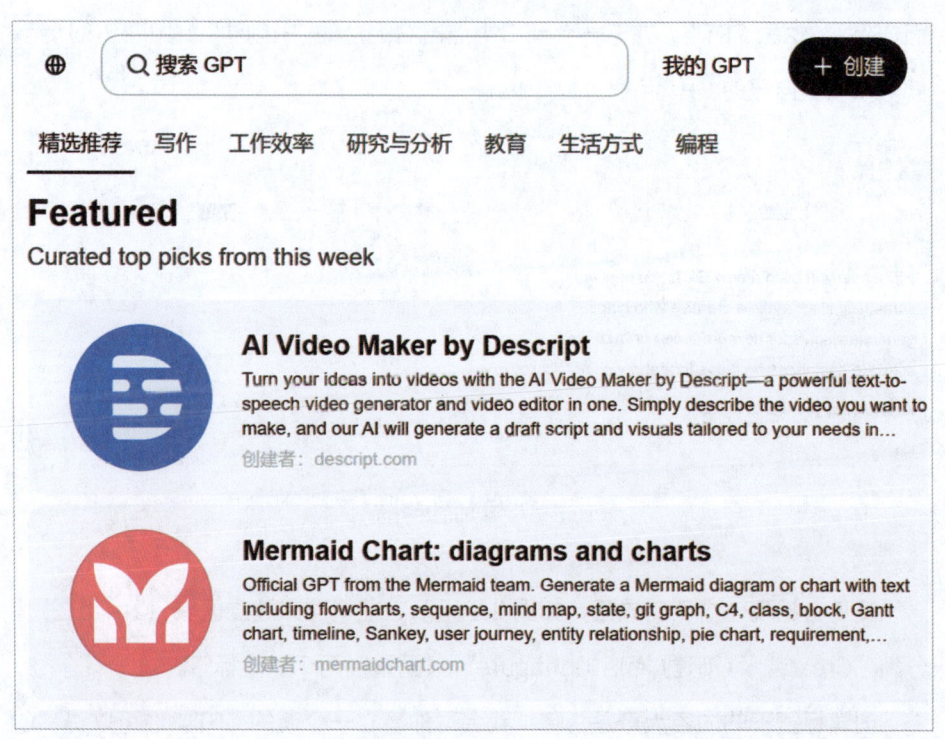

图 2-6 GPTs 的搜索页面 -1

我们可以在搜索框中输入"电商直播",如图 2-7 所示,即可搜索关于"电商直播"的 GPTs,点击即可使用。

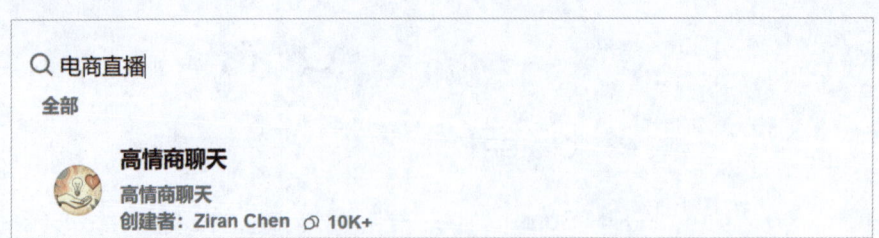

图 2-7 GPTs 的搜索页面 -2

使用者可以通过上传资料来自定义符合自己需求的 GPTs，创造出符合自己需求的 AI 助手。具体操作过程类似于搜索的过程，首先打开 ChatGPT 的操作页面，选择"探索 GPT"，在下一个窗口中点击右上角的"+ 创建"，如图 2-8 所示，就可以创建自己的 GPTs 了。

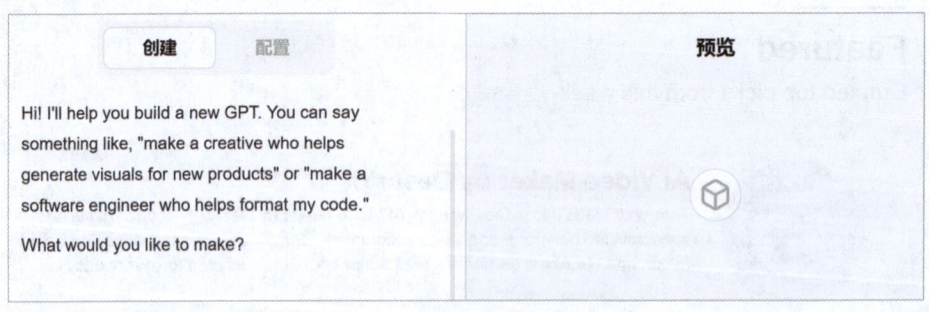

图 2-8 GPTs 的创建界面 -1

接着会出现一个新的界面，如图 2-9 所示。在机器人建立区域（2-9 上图），分为"Create"（创建）和"Configure"（配置）两个功能标签。

创建标签下的内容大意是：嗨！我会帮你建立一个新的 GPT。你可以说"创建一名创意人员来帮助生成新产品的视觉效果"或"创建一名软件工程师来帮助格式化我的代码"。你想做什么？

我们可以跟 GPT Builder 进行对话，这是定义 GPTs 的行为和功能的阶段，这个时候我们就要输入前面第一点里面的定义目标了，比如说提供"我们要创建一个'电商直播'的机器人，它专注于电商直播的相关内容，提供直播的援助"

的指令，GPT Builder 会根据这些资料进行设定。

切换到"配置"标签后，我们可以进一步精致化自己的 GPTs。在这里，为自己的 GPT 命名、添加描述、设定具体指令和对话开端（Conversation starters），上传相关知识文件，这些文件将作为 GPT 提供回答的资料来源。还可以设定 GPTs 的能力，比如，是否授权它能浏览网页、使用 DALL·E 生成图片或解析代码。

在预览区域（2-9 下图），我们可以及时和自己创建的 GPTs 对话，来体验创建的 GPTs 是不是符合自己的要求。

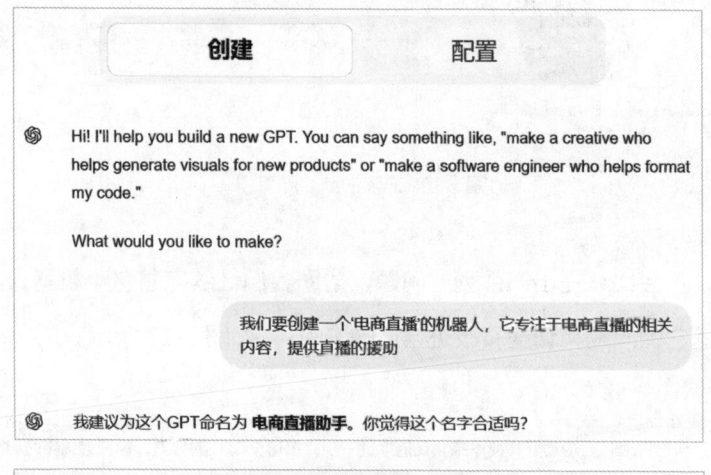

图 2-9 GPTs 的创建界面 -2

创建自己的 GPTs 的过程，就像是在和 ChatGPT 对话。GPT Builder 会询问你希望的 GPTs 的运作方式，接着上面例子，他会告诉你，把这个 GPTs 命名为"电商直播助手"，是不是可以，如图 2-9 所示。

我们直接回复"当然可以"，如图 2-10 所示。它会继续带领设定机器人，设定名称，设计出一个代表性的机器人的头像。

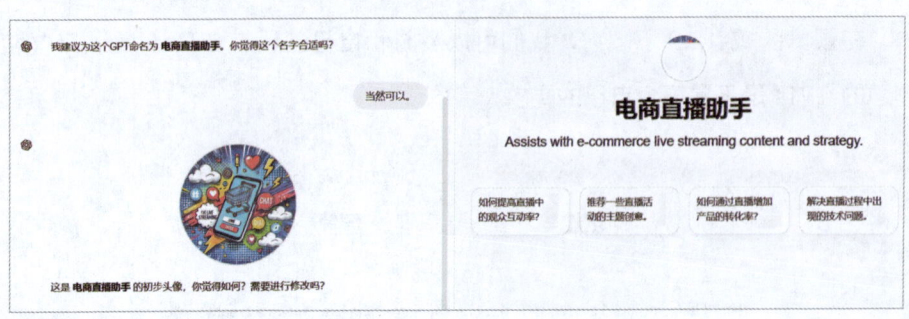

图 2-10 GPTs 的创建界面 -3

接着，它会继续提出一系列的问题，帮助我们继续完善这个机器人。我们可以不断根据它的问题，调整和改进自己的 GPTs，如图 2-11 所示。

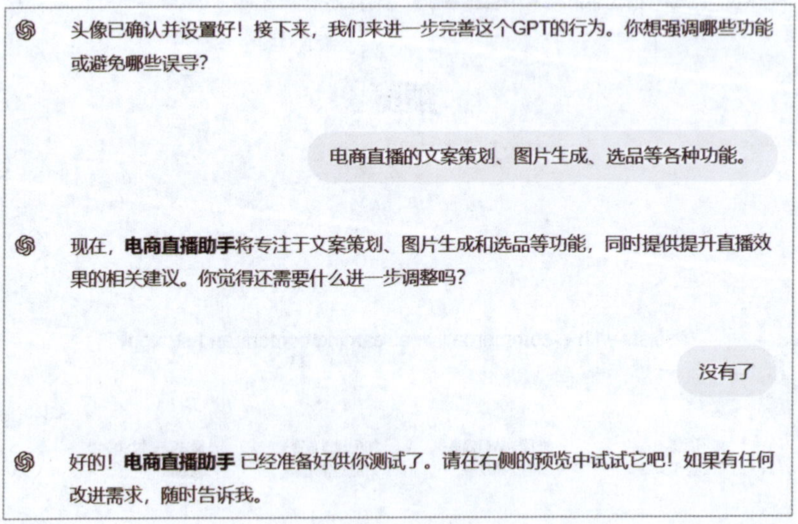

图 2-11 GPTs 的创建界面 -4

最后，要把我们自己创建的 GPTs 保存起来，点击上面的"创建（英文为 Create）"，如图 2-12 所示，并在弹出的界面中点击保存（英文为 save）即可，如图 2-13 所示。我们就可以使用我们自己定制的 GPTs 了。

图 2-12 GPTs 的保存界面 -1

图 2-13 GPTs 的保存界面 -2

在 ChatGPT 的主操作页面中可以看到你的所有 GPTs，若需要进行修改或删除，直接点选相应的按钮即可。

2.1.2 ChatGPT 的视频工具

2024 年 2 月 16 日，OpenAI 公司正式发布了 Sora 文生视频的模型。

Sora 是 OpenAI 开发的一种视频生成大模型，它利用先进的人工智能和虚拟现实技术，它能够根据文本、图片甚至视频等文件直接生成高质量的视频内容，生成的视频画面非常精细，有丰富的场景和生动的角色表情等等。

我们要想使用 Sora，首先需要打开 OpenAI 的官方网站，然后点击最上方的 Research 菜单，在弹出的下拉菜单中选择"Sora"，就可以来到 Sora 的主页面，如图 2-14 所示。

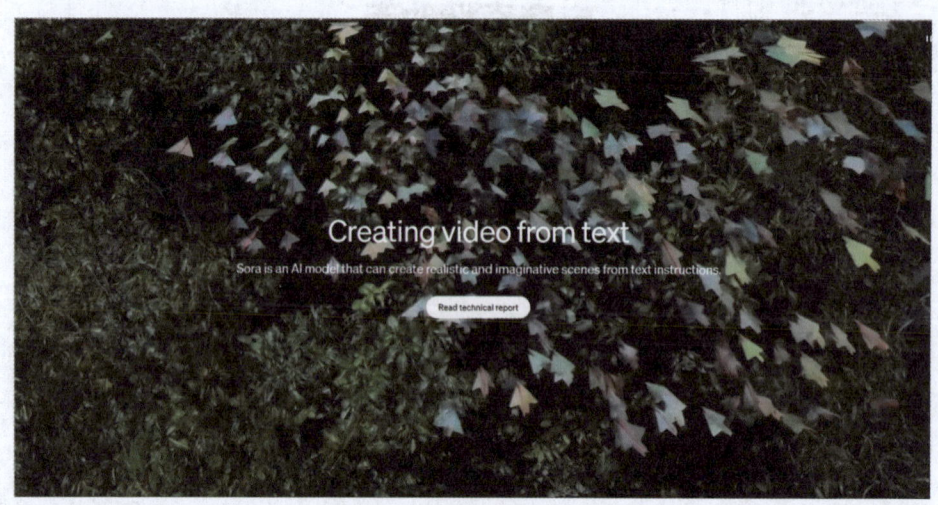

图 2-14 Sora 的主页面

Sora 的功能非常强大，我们结合官网的一些案例来详细讲解其中的 2 个相关的核心功能。

（1）文生视频

结合我们做短视频的文案，获取了比较完整的文案内容，那么我们可以利用文字来创造视频。Sora 在进行文生视频的过程中，主要是结合先进的人工智能技术，结合自然语言的生成算法以及具体指令，来生成相应的视频内容。

我们来看一个案例。

案例 1：一位女士穿过街道（图 2-15）

图 2-15 Sora 生成的视频 1：一位女士穿过街道

这段 AI 生成的视频使用的提示词是这样的：

> Prompt: A stylish woman walks down a street filled with warm glowing neon and animated city signage. She wears a black leather jacket, a long red dress, and black boots, and carries a black purse. She wears sunglasses and red lipstick. She walks confidently and casually. The street is damp and reflective, creating a mirror effect of the colorful lights. Many pedestrians walk about.

翻译成中文的大概意思如下：

一位时尚的女子走在街头，街道上充满了温暖的霓虹灯和动态的城市标牌。她穿着黑色皮夹克，红色长裙和黑色靴子，手提黑色手提包，戴着太阳镜和红色口红。她自信而随意地走着。街道潮湿，反射出五彩缤纷的灯光。许多行人来来往往。

可以看到上面这个 AI 视频里面的几个场景。一个充满着现代感的夜景街道，打造出来了一种电影般的视觉效果。路上的场景虚化，一位女士走在大街上，由远及近地表现出动态感，增加了许多活力。视频中的女主脸部的任何细节都展现的十分完美，根本感觉不到这是 AI 生成的画面。女主侧面的状态，更增添了个人的气质，我们都可以从中看到她的个人魅力和气场。

上面这个视频就是文生视频的代表，可以看到从简单的提示词中演绎出了虚拟的现实场景。在我们的短视频文案运作过程中，使用 sora，将一些文案转化成提示词，可以进一步提高我们的短视频生成的效率。

案例 2：美丽、白雪皑皑的城市景色（图 2-16）

图 2-16 Sora 生成的视频 2：美丽、白雪皑皑的城市景色

这段 AI 生成的视频使用的提示词是这样的：

> Beautiful, snowy city is bustling. The camera moves through the bustling city street, following several people enjoying the beautiful snowy weather and shopping at nearby stalls. Gorgeous sakura petals are flying through the wind along with snowflakes.

翻译成中文的大概意思如下：

美丽的雪城热闹非凡。镜头穿过繁忙的城市街道，跟随着几个人享受美丽的雪景并在附近的摊位购物。风中飘舞着美丽的樱花花瓣和雪花。

这属于是城市景色的视频，我们看到这类 AI 视频的效果，通过覆盖着白雪的景色，打造出浪漫冬日的氛围，镜头远近穿梭城市的景象，一男一女手拉手由远及近，观察他们在雪天的活动，根本看不到任何 AI 的痕迹，很像是真正下过雪的视频景色。自然元素的雪花和城市的街道建筑等融合，给人一种宁静和热闹并存的感觉。

我们可以采用这种方式生成城市类景色的视频，这种方法在视频的制作方面也有很广阔的应用前景。Sora 技术可以让我们快速、高效地创建出各种风格迥异的城市景色视频，不需要受实际天气和地点、时间的限制，极大方便了我们的视频制作。

（2）图生视频

我们在前面讲过通过 Dall-E3 来生成图片，现在通过 Sora 加之提示词的引导，还可以把图片"动起来"生成一段短视频。Sora 在接收到我们的图片素材之后，会对我们的图片进行特征提取，分析图片边缘、颜色和纹理等等，提取了相关的特征之后，再根据定义算法生成动态的效果。

生成的动态效果图片,配合提示词,应用到动态视频中,最后经过处理,组合成一段完整的视频。Sora 再将处理后的视频按照一定的顺序排列组合,生成最终的动态视频效果。

案例 3:旋涡图片

如图 2-17 所示,我们提供一张旋涡的图片。

图 2-17 旋涡图片

将这个图片转化成动态视频的提示词如下:

> In an ornate, historical hall, a massive tidal wave peaks and begins to crash. Two surfers seizing the moment, skillfully navigate the face of the wave.

这段提示词翻译成中文如下:

在一个华丽的历史大厅里,一道巨大的海浪达到顶峰并开始崩塌。两名冲浪者抓住机会，熟练地驾驭着波浪的表面。

我们继续看一下，图片经过 Sora 大模型的处理生成视频的动态效果，如图 2-18 所示。

图 2-18 Sora 根据旋涡图片生成的视频

Sora 根据图片生成的视频中，完美复刻了冲浪者在旋涡中的动态视频，根据有旋涡的图片，复刻了这个华丽的历史大厅，诠释了历史大厅和冲浪者以及浪潮之间的对比，这种碰撞展示了各种不同的融合，这个动态视频给我们带来了强烈的视觉和情感体验。

案例 4：一个坐在云朵上读书的男人

如图 2-19 所示，我们提供一张坐在云朵上读书的男人。

图 2-19 坐在云朵上读书的男人

我们使用 sora 看看能把这个图片生成一个什么样的动态视频，生成视频的提示词如下：

> A young man at his 20s is sitting on a piece of cloud in the sky, reading a book.

这段提示词翻译成中文如下：

一个二十多岁的年轻人坐在天空中的一片云上，正在读书。

Sora 根据这个简单的提示词，可以生成如下视频，视频的动态效果如下图 2-20 所示。

图 2-20 Sora 根据坐在云朵读书的男人生成的视频

从这段视频中,我们可以看出,最初提供的图片只是很简单的一个场景,sora 根据技术实现了视觉上从远到近,从高到低的变化,天空中的白云从男主的身后飘过,让角色非常的立体和直观。

通过 Sora 所生成的视频,还可以基本具备动态摄像机运动效果的视频内容,比如说,它可以实现 3D 角度的自由变幻,仿佛我们可以融入这个场景中,为我们带来丰富的观景体验。

案例五:一段 3D 动画场景的特写视频

如图 2-21 所示,这是官网中所展示的一段 3D 动画场景的特写视频,根据用户输入的提示词,生成了一段非常逼真的 3D 动画。

图 2-21 Sora 生成的一段 3D 动画场景的"小怪物"视频

这段 3D 动画使用的提示词如下:

> Animated scene features a close-up of a short fluffy monster kneeling beside a melting red candle. the art style is 3d and realistic, with a focus on lighting and texture. the mood of the painting is one of wonder and curiosity, as the monster gazes at the flame with wide eyes and open mouth. its pose and expression convey a sense of innocence and playfulness, as if it is exploring the world around it for the first time. the use of warm colors and dramatic lighting further enhances the cozy atmosphere of the image.

翻译为中文的意思如下:

动画场景中,特写镜头展示了一个短毛的毛茸茸小怪物跪在一支正在融化的红色蜡烛旁边。艺术风格为 3D 且真实,重点突出灯光和纹理。画面的氛围充满了奇迹与好奇,小怪物睁大眼睛、张着嘴注视着火焰。它的姿势和表情传达出天真和顽皮,仿佛是第一次探索周围的世界。温暖的色彩和戏剧性的灯光进一步增强了图像的温馨氛围。

这段视频完美地展现了"小怪物"的 3D 效果,从低头、抬头到各个角度,就好像是我们实景看到它一样。蜡烛也是场景中的重点,蜡烛一直在燃烧,加上火焰的光芒都为这个视频增加了一种真实的氛围。

案例六:一段机器人的视频

如图 2-22、图 2-23 和图 2-24 所示,机器人的视频效果也非常震撼,完美营造出了一个机甲的画面。我们可以从侧面、正面以及背面看到机器人的各种状态,而且不失真,机器人以及周边场景都可以高度保持一致。

图 2-22 机器人的侧面

图 2-23 机器人的背面

图 2-24 机器人俯视正面

这段视频的提示词如下:

> The story of a robot's life in a cyberpunk setting.

翻译成中文如下:

赛博朋克背景下的机器人的生活故事。

2.2 "文心"大模型

文心大模型是百度公司探索研究的大模型,旗下有文心一言、文心一格和文小言等细分模型,分别为对话、作图、手机App端,其主页如图2-25所示。

图 2-25 文心一言主页面

2.2.1 文心一言

如图2-25所示,将鼠标移动到"产品中心",会弹出图2-26的菜单选项,分别为"文心一言"和"文心一格"选项,选择"文心一言"即可。

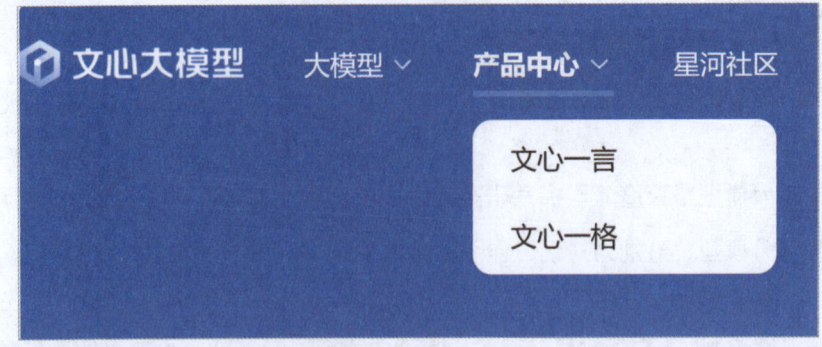

图 2-26 文心大模型的选择页面

文心一言采用的对话式的聊天场景。文心一言有用、有趣、有温度，既能写文案、读文档，又能脑洞大开、答疑解惑，还能聆听故事、感受新声。可以与人对话、回答问题、协助创作，高效便捷地帮助人们获取知识、信息和灵感。

进入文心一言操作界面，如图 2-27 所示。

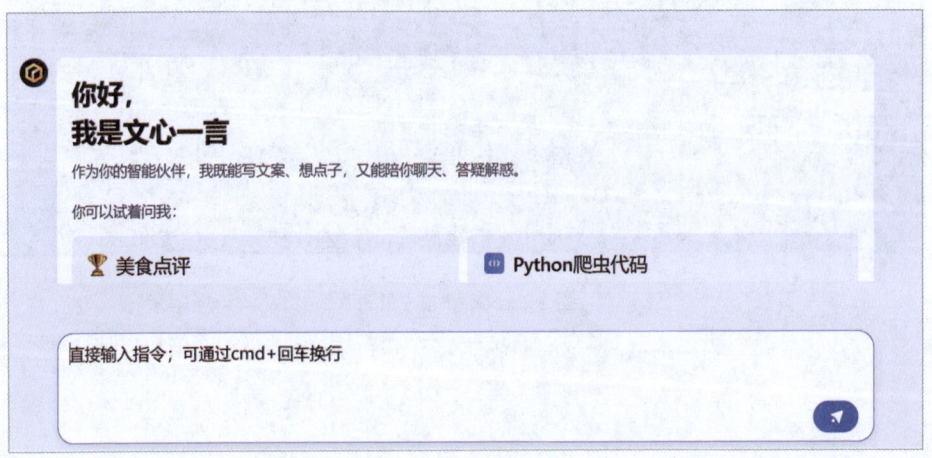

图 2-27 文心一言的操作界面

点击右上角的"登录"按钮，会跳转到文心一言的登录界面，可以使用"百度App"登录，也可以输入账号或者手机号进行登录，如图 2-28 所示。

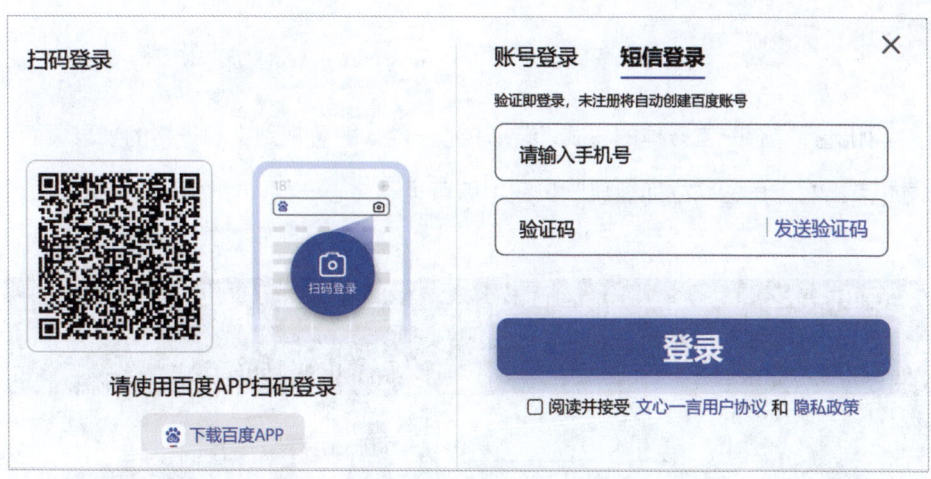

图 2-28 文心一言的登录界面

登录后的界面如图 2-29 所示。右上方的红框内可以选择文心大模型 3.5、文心大模型 4.0 和文心大模型 4.0 Turbo，最左侧的红框为文心一言的百宝箱和选项栏，可以选择"个性化"设置和"一言百宝箱"应用。中间上方为智能体和模型选择，智能体的使用类似于 ChatGPT 的 GPTs，下方则为消息记录。右侧下方的方框是文心一言的聊天对话框页面。

图 2-29 文心一言的主页面

2.2.2 文心一格

如选择文心一言一样的方式,选择文心一格,即可来到文心一格的登录页面,同样点击右上角的"立即登录"按钮,即可登录文心一格,如图 2-30 所示。

图 2-30 文心一格的登录界面

文心一格的登录和文心一言类似,同样可以使用百度 APP 或者手机号登录,登录成功之后,可以在文心一格的上方工具栏中选择合适的生图模式进行切换。

如图 2-31 所示,文心一格有 AI 创作、AI 编辑、实验室等功能。它可以帮助我们根据输入的文本内容生成艺术类的作品。

图 2-31 文心一格的功能展示

如图 2-32，依次选择 AI 创作、右侧的试一试中"梦幻银蝶"，即可在提示词的描述框中填充润色后的一段提示词"美丽蝴蝶飞舞在渐渐融化的水面上，生动梦幻般的闪光银白色，不敢想象的美丽"，选择画面类型、比例、生成数量后，点击"立即生成"即可生成相关画作，如图 2-33 所示。

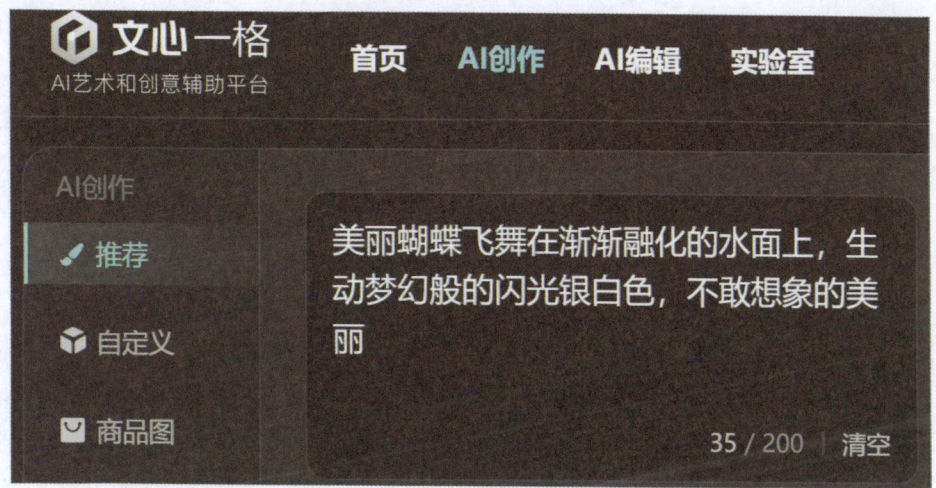

图 2-32 文心一格生图页面 -1

图 2-33 文心一格生图页面 -2

2.2.3 文小言

2024 年 9 月 4 日，文心一言 APP 升级为"文小言 APP"，并且重新定位为一个"新搜索"的智能助手，如图 2-34 所示，为其主页，通过手机号即可登录。

图 2-34 文小言的登录界面

登录之后，我们即可通过手机端的文小言 APP 进行对话、聊天、拍照问答、图片创作、文档解析等功能，如图 2-35 所示。

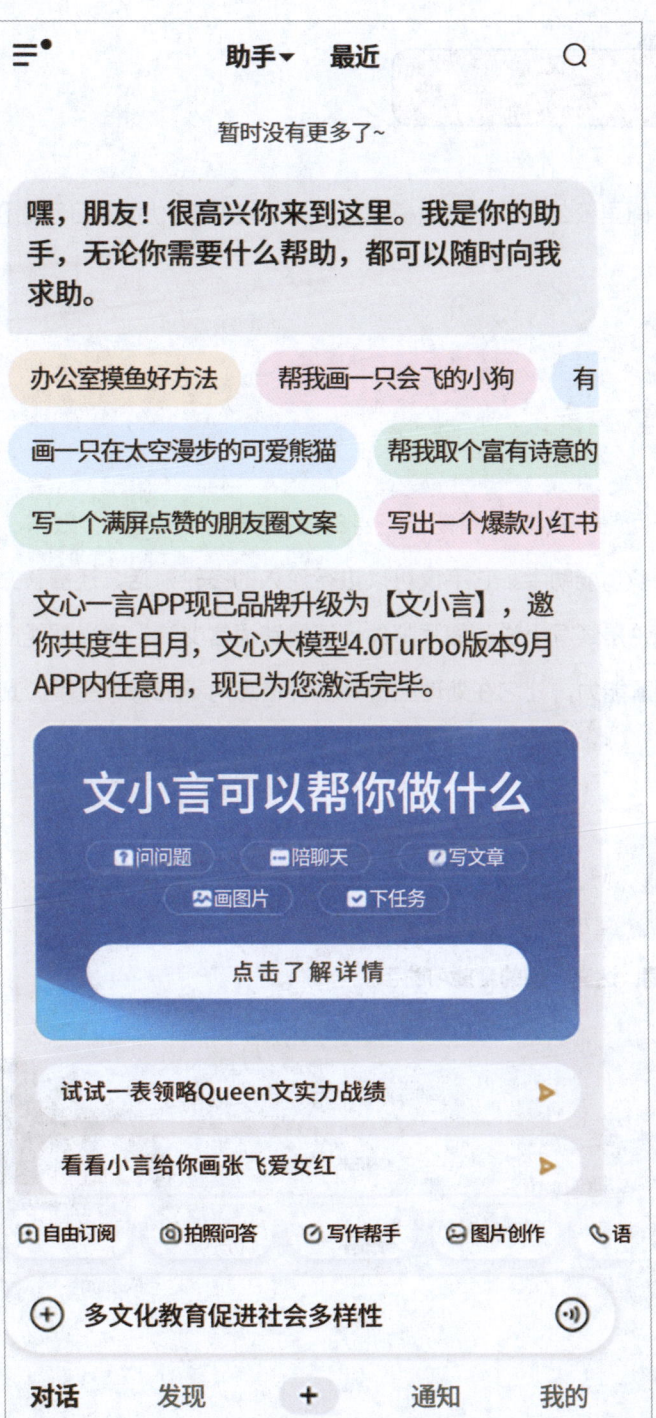

图 2-35 文小言的 App 主页

2.3 "通义"大模型

通义是阿里云公司推出的大模型，它是2023年9月13日开始正式开放的。

2.3.1 通义千问

通义千问是一款集AI智能于一身的旨在提升人们的工作效率、学习效果和生活质量的多功能助手。它不仅可以进行深入的多轮对话，还擅长文案创作和逻辑推理。无论是续写小说、编写邮件，还是跨语言交流，通义都能应对自如。它的多模态理解能力，让它在处理图文等多种信息时更加得心应手。其主页面如图2-36所示。

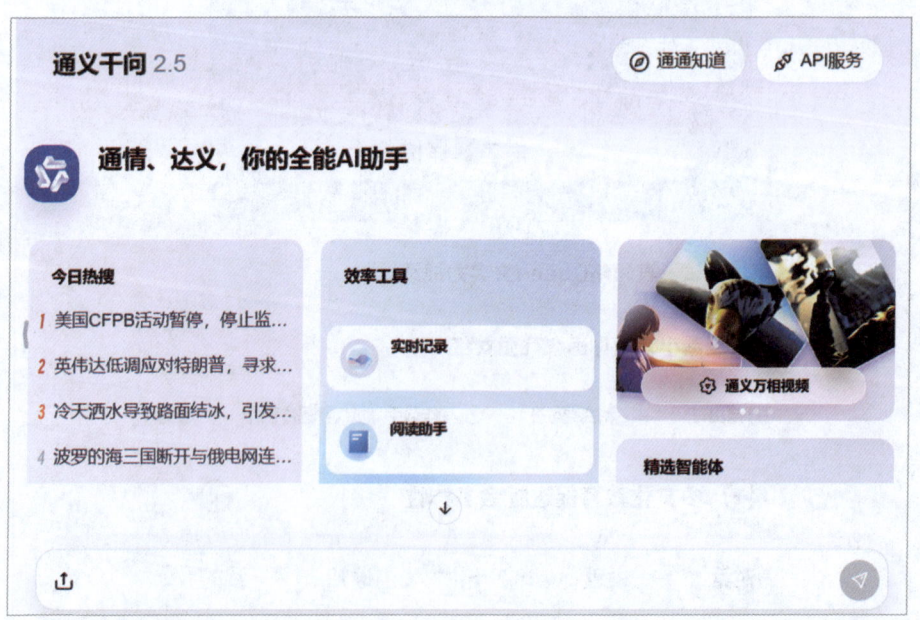

图2-36 通义千问主页面

点击左下方的"立即登录"按钮,即可输入手机号和验证码进行登录,也可以使用"淘宝"的账号来扫码登录,其登录页面如图 2-37 所示。

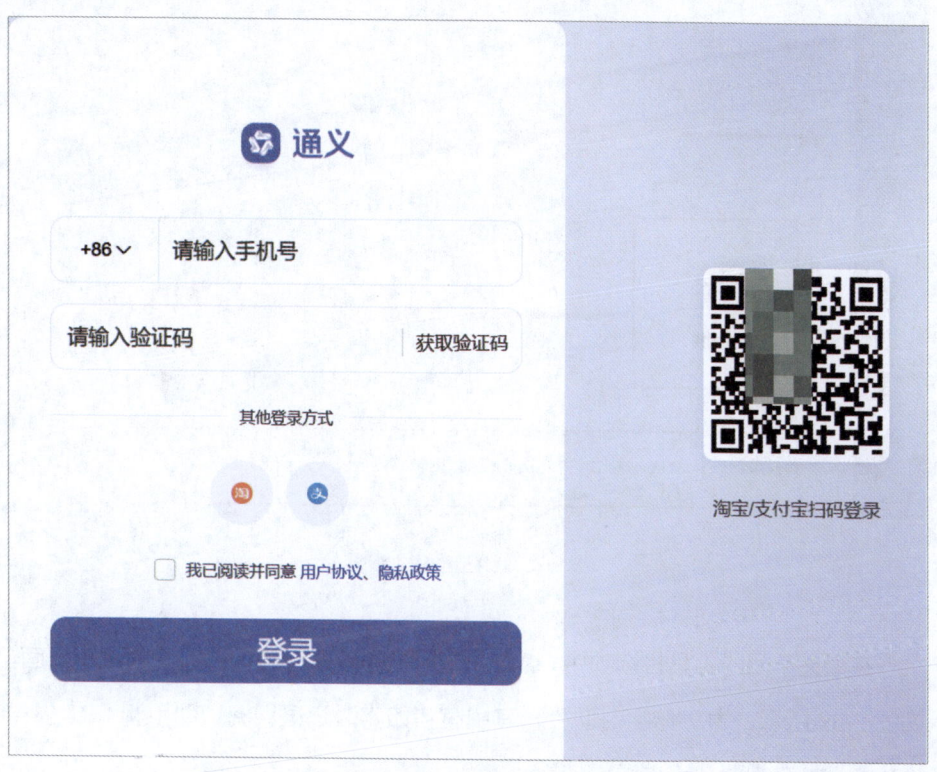

图 2-37 通义千问的登录页面

登录成功会跳转到通义千问的主页面,如图 2-38 所示,主页面中左侧为其工具栏选项,可以选择"对话""效率"和"智能体",上方为"新建对话"选项,下方为"历史记录",右侧下方则为"聊天对话"的界面。

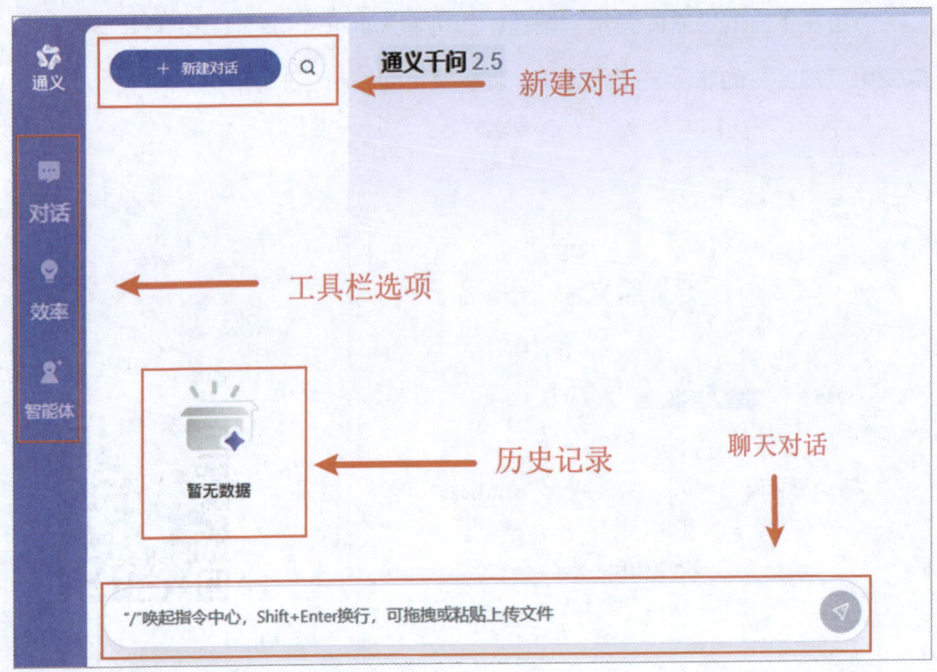

图 2-38 通义千问的主界面

在通义千问的工具栏选项中,点击"效率"按钮,即可跳转到通义的效率页面,如图 2-39 所示,为工作学习助手,其中有诸如实时记录、阅读助手和 PPT 创作等功能,如有需要,点击即可使用。

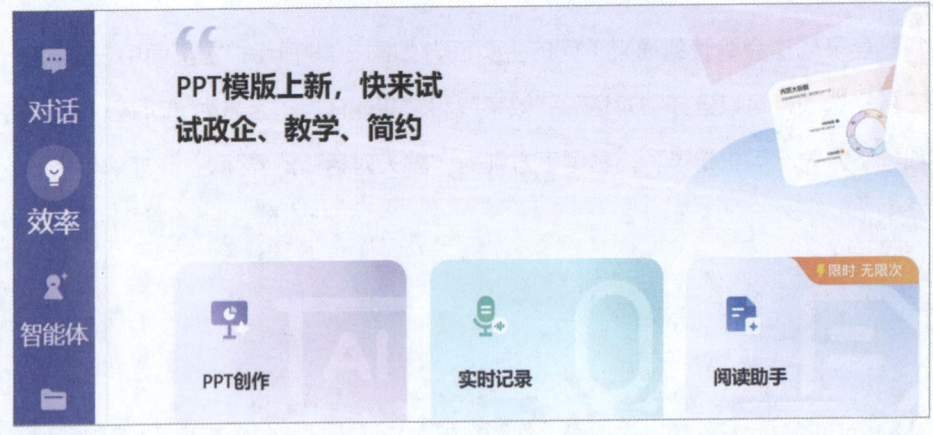

图 2-39 通义千问的效率页面

点击通义千问的工具栏选项中的智能体,即可跳转到其智能体的界面,其使用方法和 ChatGPT 的 GPTs 以及文心一言智能体使用方法类似,如图 2-40 所示。

图 2-40 通义千问的智能体页面

2.3.2 通义万相

通义万相的主页面如图 2-41 所示。

图 2-41 通义万相的主页面

点击左下角蓝色"立即登录"按钮，输入手机号和验证码，即可登录使用，如图 2-42 所示。

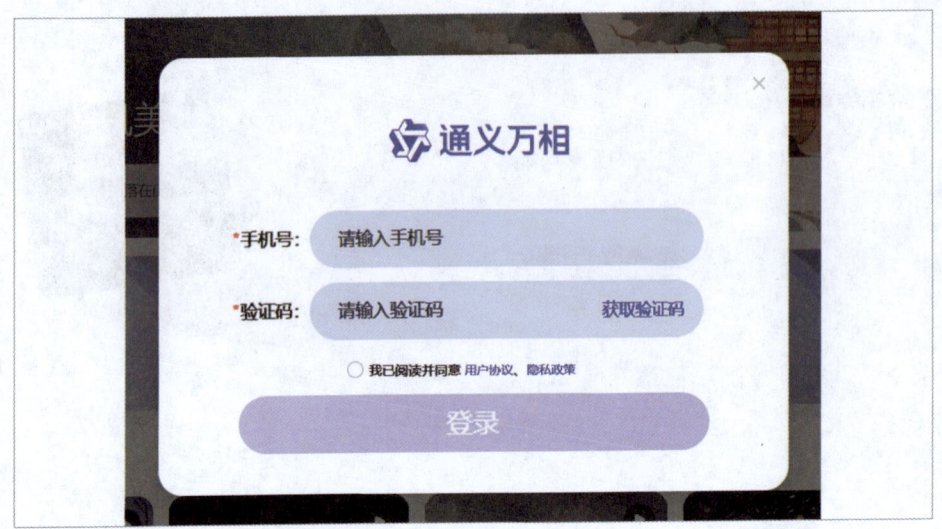

图 2-42 通义万相的登录界面

登录通义万相的账号后，可以跳转到通义万相主页面，如图 2-43 所示，点击"文字作画"即可来到生图页面，如图 2-44 所示。

图 2-43 通义万相登录后主页面

第 2 章　常见 AI 模型

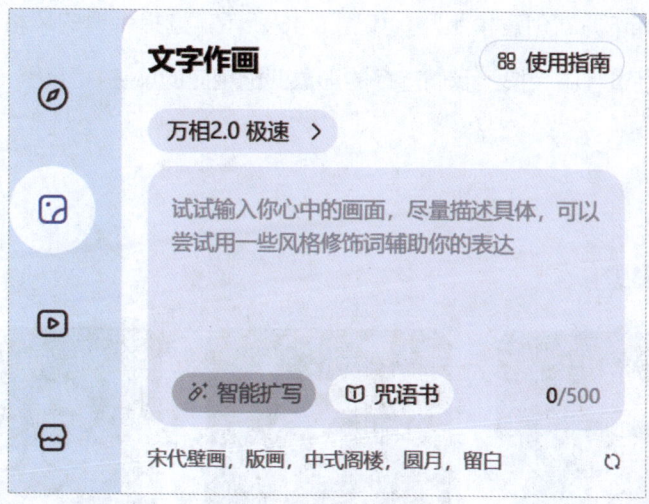

图 2-44　通义万相文字作画页面

点击上方的"万相 2.0 极速"可以弹出生图的模型选择页面，如图 2-45 所示，只需结合实际情况选择适合模型即可。

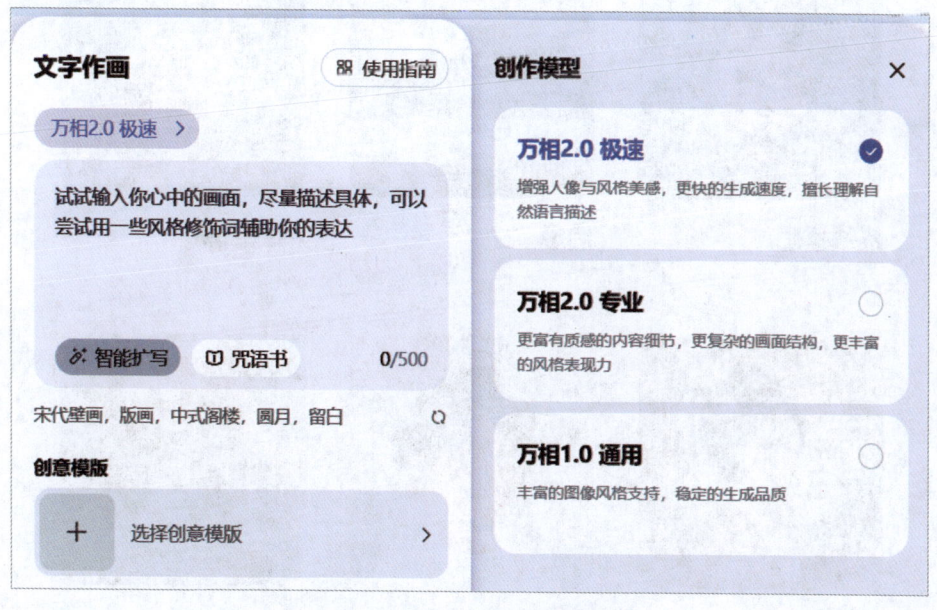

图 2-45　通义万相生图模型选择

继续选择下方"创意模版",如图 2-46 所示,选择合适的风格或形象,通义万相在作图过程中会按照我们选择的形象匹配相应的风格。

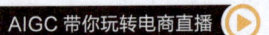

图 2-46 通义万相生图风格或形象选择

我们选择形象中的"阳光少年",并使用智能扩写,扩写提示词如下"青春洋溢的男生,拥有一头自然卷曲的棕色短发,微乱中透露出不羁的魅力。他身着一件经典的白色棒球衫,胸前绣有复古风格的球队徽标,袖口紧束,勾勒出健硕的手臂线条。阳光斜洒在宽阔的运动场上。",选定比例为16∶9,点击下方的"生成画作",如图 2-47 所示。

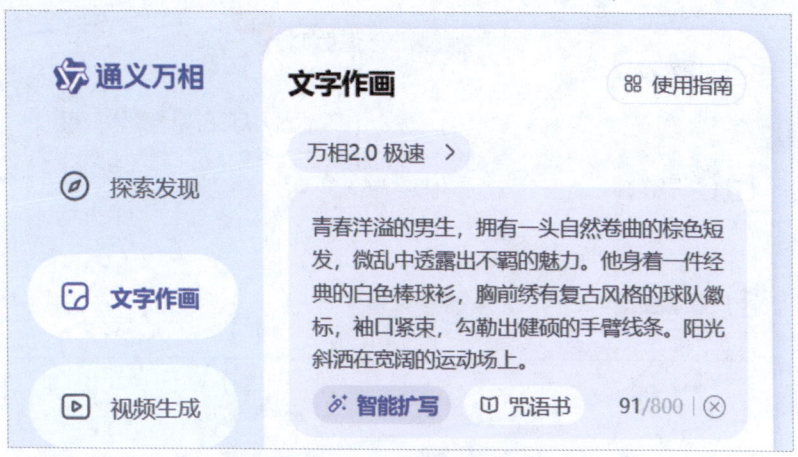

图 2-47 通义万相生图界面

点击生成画作后,生成图片如图 2-48 所示,如果对其画作不够满意,点击"再次生成"即可。

图 2-48 通义万相生图画作

在通义万相界面，点击左侧工具栏中的"视频生成"，即可跳转到"视频生成"的页面。通义万相的视频生成有两个模式分别为文生视频和图生视频。如图 2-49 所示。

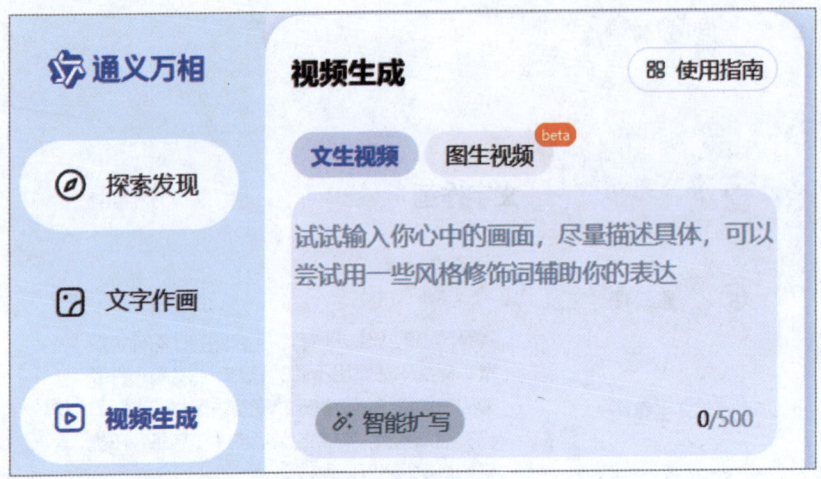

图 2-49 通义万相视频生成页面

点击"文生视频"，文生视频仅靠提示词来生成视频，输入如下提示词"千里江山图古画，木舟在江上穿梭，江两岸高山连绵"，如图 2-50 所示。

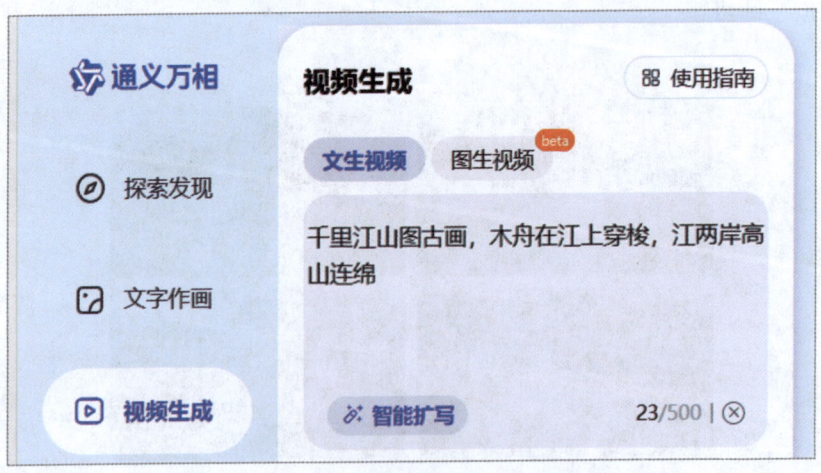

图 2-50 通义万相文生视频页面

点击生成视频等待片刻，即可生成如图 2-51 的视频。

图 2-51 通义万相文生视频

点击"图生视频"，如图 2-52 所示，选定合适的参考图，在下方输入相应的提示词"视频展示了发着亮光的飞碟从街道上空飞过，飞碟底下发出一道亮光照亮马路"。

图 2-52 通义万相图生视频界面

点击生成视频等待片刻，即可生成如图 2-53 的视频。

图 2-53 通义万象图生视频

2.3.3 通义 APP

通义大模型的手机端 APP 名为"通义"，同样使用手机号和验证码登录即可来到通义的主页面，如图 2-54 所示。

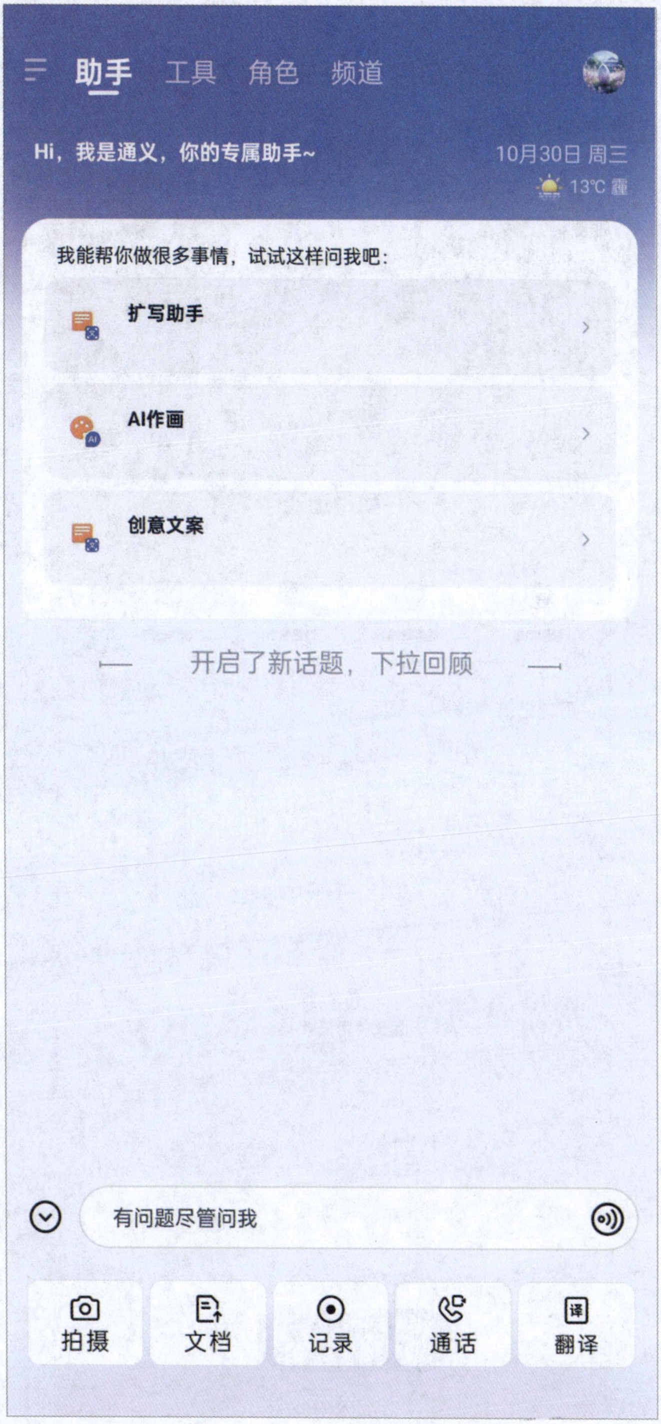

图 2-54 通义 APP 的主页面

在下方的聊天界面可以直接和通义 APP 进行聊天，左上方的菜单会进入如图 2-55 的界面。在图 2-55 界面中，可以使用如"睡前故事""健康问答""口语练习""成语接龙"等功能。

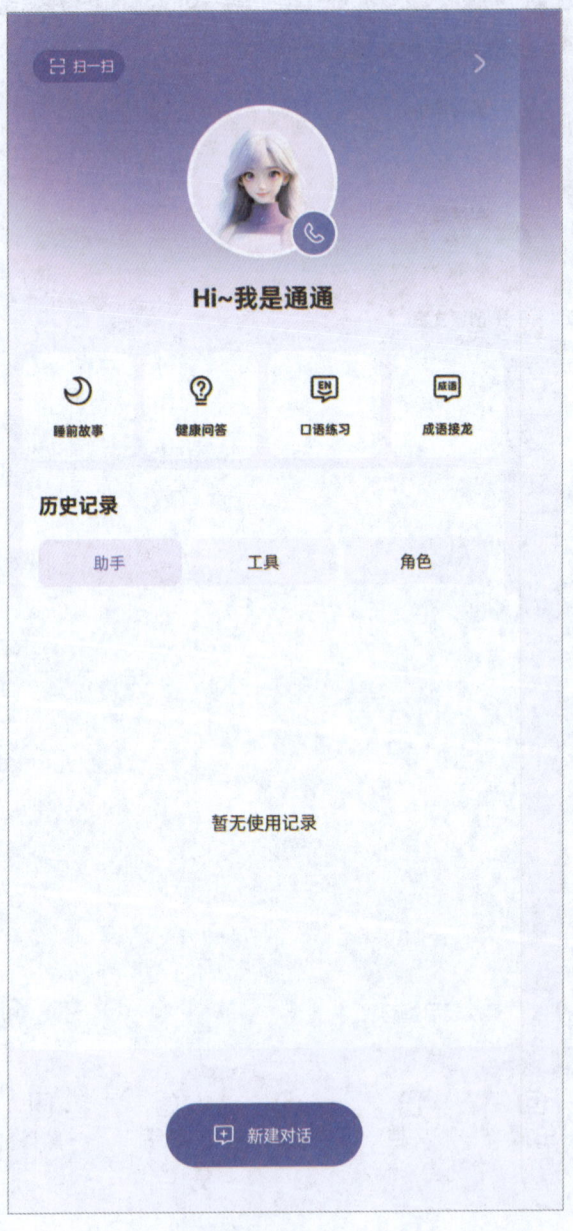

图 2-55 通义 APP 的工具页面

在通义 APP 的主页面中，可以进行如图 2-56 中助手、工具、角色和频道的切换。

图 2-56 通义 APP 主页功能切换

其中的"工具"栏等同于网页端的"智能体"界面，如图 2-57 所示，不再演示其使用方法。

图 2-57 通义 APP 的智能体页面

  点击上方的"角色"栏,可以在搜索栏中,搜索相关角色,也可以自己创建角色,其最后使用则是使用相关角色进行虚拟对话。点击上方的"频道"切换为频道页面,可以使用和客户端"通义万相"类似的文生视频、文生图、图生图、图生视频的功能,也可以通过频道页面,使用通义的"实时记录""音视频速读""阅读助手"等功能。

2.4 "可灵"大模型

可灵(KLING),是快手AI团队自研的视频生成大模型。其主页如图2-58所示。

图2-58 "可灵"大模型主页

点击右上角的"Web端体验",即可跳转到"可灵"的登录页面,如图2-59所示。

图2-59 "可灵"登录页面

点击右上角的"登录",跳转出如图 2-60 的页面,输入手机号和验证码,也可以使用"快手 APP"扫码登录。

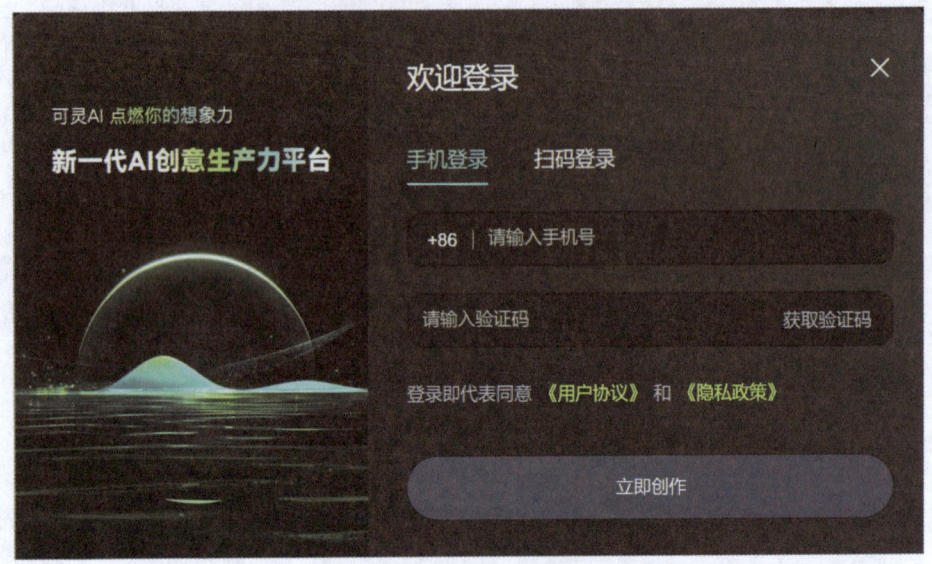

图 2-60 "可灵"登录注册页面

登录后会来到可灵的操作页面,可灵是一个视频生成工具,主要有 AI 图片生成、文生视频、图生视频和视频续写的功能。

2.4.1 AI 图片生成

在"创意描述"的模块中输入任意文本(提示词),也可以使用下面的"推荐尝试"中官方准备的提示词生成图片。如图 2-61 所示。点击下方的推荐词"边牧",在上方的"创意描述"框中会出现"一只可爱的边牧在坐公交车,卡通贴纸。动漫 3D 风格,超写实油画,超高分辨率,最好的质量,8K"。

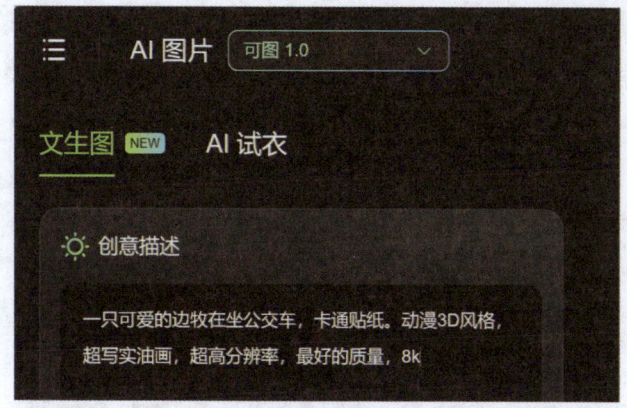

图 2-61 AI 图片生成页面

在文本生成图片的过程中,还可以使用上传"参考图/垫图"的功能,从本地或者平台历史存储库中选择图片,在此不做演示。然后选择相应参数,设置图片生成尺寸和图片数量,点击"立即生成"即可生成图片。

2.4.2 文生视频

简单来说,输入提示词即可生成相应视频,如图 2-62 所示。

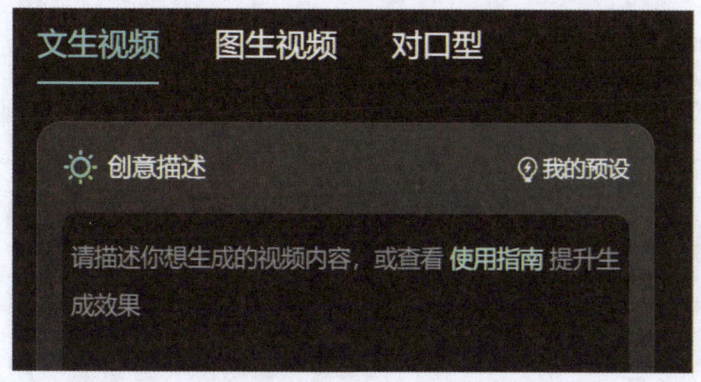

图 2-62 文生视频

输入"创意描述"中的提示词即可。如果没有好的创意,可以使用"推荐尝试",图 2-62 使用推荐尝试,写出如下提示词"一只猫戴着宇航员头盔,特写镜头,背景是蓝色太空",之后选择相应参数,点击"立即生成"即可生成如图 2-63 的视频。

图 2-63 文生视频的视频节选

2.4.3 图生视频

如图 2-64,选择相应的图片作为参考图,即可生成相关视频,图生视频是现在创作者使用频率最高的功能,因为从视频创作的角度而言,用图生视频更可控制,创作者可以使用参考图进行视频生成,这极大降低了专业视频的创作成本和门槛。

图 2-64 图生视频

上传图片后,选定后面的参数,点击"立即生成",即可生成如图 2-65 的视频。

图 2-65 图生视频的视频节选

2.4.4 视频续写

视频续写则是对已经生成完毕的视频模板进行续写和扩展,让视频的运动延时 4～5 秒,为创作者提供更加充分支持,如图 2-66 所示。

图 2-66 视频续写

第 3 章

用 AI 培养直播达人

在直播行业迅速崛起的背景下，人才需求呈现井喷之势，尤其是专业主播的稀缺问题尤为突出。面对大量跨界招聘与公司内部调岗而来的新手主播，许多企业在培养其过程中面临着前所未有的挑战。如何迅速提升这些新手主播的专业技能，让他们快速适应并驾驭直播的多元化需求？在 AI 时代的推动下，人工智能工具为直播人才的成长注入了新鲜动力。通过智能化的内容辅助、观众情感分析、实时互动优化等手段，AI 技术不仅能够加速新人主播的上手速度，更能帮助他们在短时间内提升表现，打造出真正吸引观众的直播风格。

3.1 变身新手带货主播

新手主播通常缺乏对直播行业的了解,更不用说掌握一场成功直播的要领了。他们对行业的运作模式、生意的核心逻辑以及沟通的话术都不熟悉。因此,帮助新手主播打好基础尤为重要。

3.1.1 了解直播间的概况

现在大部分的电商直播间,对于主播的培训仅限于给其一份话术,让其背诵之后直接开播。但是对于一个没有直播过,甚至没有看过直播的新人,即便能够记住这份话术,又能如何?直播并不是机器人一样的复读,而是要有情绪价值。

所以首先应当让其了解直播间的具体情况。让其通过"刷视频""刷直播"的方式,对直播有一定的了解,这一过程中可以通过 AI,帮助其了解直播间的具体情况。

可以在直播之前,通过 AI,来了解直播间的具体情况,如下问题。

> (1) 直播间的场景设置如何?
> (2) 直播间主播如何介绍商品?
> (3) 直播间主播如何引导客户下单?

通过这几个问题,让 AI 直接回复如下。

直播间的场景和主播的操作是决定销售效果的重要因素,以下是具体回答。

(1) 直播间的场景设置如何?

直播间的场景设置通常以简洁、专业和品牌相关为主,帮助营造一个吸引人且有信任感的环境。常见的设置要素包括:

品牌标识:背景布置通常包含品牌的 Logo、名称或口号,以增强品牌认知。

灯光和音效:良好的照明和清晰的音质使得产品展示更清楚,能增加观看者的沉浸感。

产品展示区:场景中会预留展示产品的空间,通常放置样品和辅助展示道具,便于主播进行详细讲解。

氛围装饰:根据季节或促销活动(如节日促销)布置特别的主题装饰,提升整体视觉效果和吸引力。

(2) 直播间主播如何介绍商品?

直播间的主播通常遵循一个详细且具吸引力的商品介绍流程,包括:

产品特点和优势:主播会详细讲解产品的核心功能、特色、使用场景等,结合具体实例或演示,便于观众理解。

利益点和差异化:主播会强调商品的独特卖点,如质量、价格、使用效果等,通过对比市场同类产品来突出商品优势。

互动讲解:主播通常会鼓励观众提出问题,并实时进行解答,以增强信任和购买意愿。

(3) 直播间主播如何引导客户下单?

为了推动观众下单,主播会使用一些特定的引导方法:

限时优惠和折扣:主播会在特定时间点宣布限时优惠,激发观众的紧迫感,使他们更愿意快速决策。

赠品或组合套餐:主播会通过展示限量赠品或优惠套餐来提升下单吸引力,增加观众的购买欲。

引导点击和操作:主播会引导观众关注屏幕上的购买链接、购物车或优惠码,提供详细的下单操作步骤,并给予鼓励或倒计时提醒以促进行动。

通过AI的分析，主播可以对直播间的大致情况有所了解，在"刷直播"的时候，也就知道，该从什么地方加深了解了。

在主播对直播的具体情况有所了解之后，可以帮助主播归纳出具体分析直播间的方法，锻炼其看到一个直播间就能很快地归纳出这个直播间的几个重要方面，从而吸收其"精华"，归纳的方法，也可以通过AI来进行，向AI直接提问。

> 我是一个新手主播，看到一个直播非常好的直播间，我应当从几个方面来分析这个直播间的成功之处？请具体归纳并列出表格。

AI会归纳出分析直播间成功的具体点，并列表3-1给出回复如下。

以下是一个可以参考的表格（表3-1），帮助你分析一个成功直播间的关键因素：

表3-1 成功的直播间关键要素分析

分析维度	具体内容
场景布置	场景是否有吸引力？是否符合品牌特性？灯光、背景是否专业？是否设置有展示区
主播表现	主播的语速、语调是否得当？是否与观众有积极互动？表情和肢体语言是否自信
商品介绍	商品介绍是否详细且具有说服力？是否包含产品的核心优势和利益点？是否有具体演示
引导下单策略	主播是否通过限时优惠、折扣、赠品等方式有效引导下单？是否有明确的购买操作指引
互动性	主播是否及时回复观众问题？是否使用了观众提问、评论区互动等增强参与感
活动设计	是否有特定的直播活动、抽奖或挑战等，增加了观看者的参与积极性
数据反馈	是否在直播过程中展示实时数据（如库存、优惠名额），营造紧迫感

> 通过以上各项逐一分析，可以全面理解该直播间成功的原因，并吸取适合自己的实践技巧。

经过上面的引导，新手主播对于行业的直播间情况会有大致的了解，可以为后续的工作安排做好铺垫。

3.1.2 梳理所要直播商品的卖点

新手主播在充分了解了直播间的情况之后，需要继续梳理所要直播商品的卖点。具体来说，商品的卖点，需要拆解为以下两部分。均可使用 AI 来进行梳理和归纳。

（1）挖掘商品的使用场景

直播时挖掘商品的使用场景可以帮助观众更清楚地理解产品的实际用途和价值，从而增加购买的可能性。当主播能够生动地展示商品如何在日常生活中解决具体问题或提供便利时，观众更容易产生共鸣，感受到购买的紧迫性和实用性，这样就大大提高了销售效率和观众的满意度。那么应当如何挖掘商品的使用场景呢，我们可以直接询问 AI，让 AI 帮助我们归纳出，挖掘商品使用场景的表格。

> 假设我要直播卖货，请你作为直播专家，帮我归纳出对商品使用场景的分析的表格。

答：

明白了！以下是一个分析单个商品使用场景的表格模板（表3-2），包含目标用户、使用地点、使用时间、使用动机和期望效果等信息，便于全面展示商品的不同使用场景。

表 3-2 商品使用场景分析表

分析维度	具体内容
商品名称	填写商品名称，如保温杯
目标用户	谁会用到该商品（如学生、上班族、户外运动爱好者）
使用地点	用户通常在哪里使用该商品（如家中、办公室、户外）
使用时间	用户在什么时间使用（如早晨通勤时、工作中、户外活动时）
使用场合	哪些具体场合适合使用该商品（如会议、旅行、健身）
使用动机	用户为什么会选择使用该商品（如保温、防水、便捷）
期望效果	使用该商品后用户期望得到的结果或好处（如提升生活质量、解决特定问题）

通过这样的表格，可以系统化地归纳商品的使用场景，便于在直播中清晰地向观众传达商品的多样化用途和实际价值。

（2）结合场景来提炼商品卖点

在直播卖货时，结合场景来提炼商品的卖点能够使产品更加生动和具体化，帮助观众在心理上"试用"这些产品。当主播通过具体场景演示商品使用时，它不仅仅是一个静态的物品，而是成为解决问题的工具或提升生活品质的途径。这种方法通过让消费者在脑海中模拟使用场景，增强了商品的吸引力，使其变得更加贴近消费者的实际需求和生活方式，从而激发购买欲望。观众能够看到商品在实际生活中的直接益处,这种直接的感受往往比简单罗列商品特性更能促成销售。

可以使用 AI,让 AI 帮助归纳出商品的卖点如下。

假设我要直播卖货,请你作为直播专家,帮我归纳出商品卖点的分析要素。

为了帮助你更好地在直播中推销商品,这里是一份归纳商品卖点的详细分析要素表(表3-3)。

表 3-3 商品卖点分析表

分析要素	描述
外观设计	商品的视觉吸引力,如颜色、形状、尺寸和整体美感
原材料	使用的主要材料和其品质,是否环保或具有特别的来源认证
工艺	生产过程中采用的技术和工艺,如手工制作、精密机械加工
性能参数	商品的主要技术参数,如耐用度、效率、容量等数字化表现
地域特色	商品的地域属性,如是否具有某地特有的设计或材料来源
品牌故事	品牌背后的故事和历史,以及如何影响商品的信誉和受欢迎程度
用户评价	真实用户的评价和反馈,特别是优质的用户体验案例
市场定位	商品在市场上的定位,如高端、中端还是经济型
价格优势	商品价格与市场竞争对手比较的优势
可获取性	商品的可购买性,如是否容易买到,配送的便利性

通过这样的表格,可以系统化地归纳商品的使用场景,便于在直播中清晰地向观众传达商品的多样化用途和实际价值。

通过这个过程，新手主播可以建立体系化拆解商品卖点的习惯，更好地为后续商品讲解做准备。

（3）话术拆解和训练

在直播过程中，话术拆解和训练不仅能帮助主播更流畅地传达信息，还能有效地引导观众做出购买决定。通过拆解话术，主播可以事先准备如何介绍商品、回答观众问题、处理意外情况，以及如何使用吸引人的言语来突出商品卖点。这种训练让主播能够在直播时更加自信，能够灵活应对各种情况，确保直播的专业性和效果。

▶ 话术拆解

直播间的话术，询问 AI 可以得知，其主要分类。

问：
请你作为专业主播，提供一下直播间的主播话术示例。

答：
作为一名专业主播，在直播间的话术可以按照不同的类别、内容和示例来细分，以便更好地吸引和保持观众的兴趣，并促进销售。以下是一些基本的话术类别和相关内容示例：

（1）开场白：
内容：简介自己和直播主题，创建亲切感。
示例：大家好，欢迎来到今天的直播间！我是你们的朋友小亮，今天给大家带来一些超棒的厨房神器，让你的烹饪更加简单快乐！

（2）产品介绍：
内容：详细介绍商品的特性、用途和优点。

示例：这款智能搅拌机，拥有十速可调，无论是果汁还是奶昔都能轻松应对，而且特别安静，不会打扰到你的家人！

（3）互动话术：

内容：提问或发起话题，激发观众参与。

示例：在聊天室告诉我，你们最头疼的厨房问题是什么？我们来看看今天的产品怎么帮你解决！

（4）促销推广：

内容：强调商品的限时优惠、促销活动。

示例：只在今天！订单超过100元的朋友，我们将免费送上一个定制围裙，数量有限，快来抢购吧！

（5）回应疑虑：

内容：解答观众关于产品的问题和疑虑。

示例：我看到有朋友在问这款搅拌机清洗方不方便？大可不必担心，所有配件都可以直接放入洗碗机，省时又卫生！

（6）收尾话术：

内容：总结直播内容，提醒观众关注和下次直播的预告。

示例：感谢大家今天的陪伴，希望你喜欢这些厨房小帮手！别忘了关注我们，下次直播我们将带来更多精彩内容，期待与你再次相遇！

根据 AI 的归纳不同类别的话术，主播能够更有效地引导直播节奏，增强观众的购买意愿，同时也能建立更加亲密和积极的观众关系。

▶ 话术训练

通过话术的拆解，主播获得了基本的直播技能，这为后续的话术创作和独立训练奠定了基础。之后主播需要自己动手创作话术，从而加深对话术结构的理解，增强其在实际直播中的应变能力。

主播在撰写话术之前,可以采用情景模拟的方法,首先使用 AI 工具了解完整的撰写流程。将上面的示例话术,给到 AI,让 AI 结合需要直播的商品,撰写出更完整化的直播话术,以××精华霜为例,提供具体话术拆解过程如下。

问:

我要开一场直播,直播售卖的商品为××精华霜,请你结合上文所总结出的话术拆解,总结出每点的话术。

答:

为了帮助你顺利开展直播销售××精华霜,我根据之前总结的话术类别,为每个环节设计了具体的话术内容。这将帮助你更有效地展示商品特点,激发观众购买意愿,并增强互动性:

(1) 开场白:

话术示例:大家好,欢迎大家来到今天的美丽直播间!我是小美,今天我将为大家带来一款改变你们肌肤命运的神奇产品——××精华霜,让我们一起开启肌肤的焕新之旅!

(2) 产品介绍:

话术示例:××精华霜采用独特的生物技术配方,集中解决肌肤干燥、细纹和松弛等问题。它含有丰富的天然植物提取物和抗氧化剂,能深层滋养和修复你的肌肤,使用后肌肤即刻回复弹润光滑。

(3) 互动话术:

话术示例:我很好奇,大家都来聊聊自己肌肤的最大困扰是什么呢?也许××精华霜正是你们需要的解决方案哦!

(4) 促销推广:

话术示例:今天在直播期间购买××精华霜的朋友,我们将提供额外的

10%折扣，而且前50名购买的朋友还将获得我们精美的护肤小样一套！数量有限，快来抢购吧！

（5）回应疑虑：

话术示例：我看到有朋友在问××精华霜是否适合敏感肌肤使用？放心，我们的产品经过严格测试，适合各种肤质，包括敏感肌，让你安心美丽！

（6）收尾话术：

话术示例：非常感谢大家今天的参与和支持，希望××精华霜能成为你们护肤路上的好伙伴。别忘了关注我们的直播间，下次直播我们还会带来更多惊喜产品，期待与大家再次相见！

通过这些话术的运用，你可以更自信地引导直播流程，同时有效提升产品的吸引力和销售转化率。

AI为我们提供了直播所用的话术示例，我们只需将其融合起来，就可以得到一份较为合适的直播话术。接下来主播需要做的，就是将话术可以练习到脱稿即可。

3.2 专业主播技能大揭秘

成为新手主播之后，要想每次主播获得提升，就要多看、多听其他专业主播的一些直播。那么专业主播需要有什么技能呢？常规来讲，就是话术、自我学习、心态以及对流量的掌控能力。

使用 AI，可以在日常闲暇时间，有侧重地培养自己的能力。

3.2.1 话术讲解能力

主播的核心在于"播"，因此熟练的话术讲解是成为一名合格主播的关键能力。话术不仅仅是简单的表达，而是通过精准的语言抓住观众的注意力，让信息有效地传递出去。在话术讲解中，主播需要做到哪些方面呢，可以通过 AI，进行如下提问。

> **问：**
>
> 我是一名新手主播，在话术讲解能力方面，我需要注意什么呢？要学会什么样的技能？
>
> **答：**
>
> 作为新手主播，在话术讲解方面可以注意以下几点，并逐步培养一些关键技能：
>
> （1）建立亲和感
> 自然的语气：保持语气温和，让观众感受到你的真诚。

微笑与眼神交流:即便是在镜头前,也要想象自己是在和观众面对面聊天,这样能让观众更有参与感。

(2) 讲解条理清晰

分清层次:按顺序说明,不要跳跃。让观众能跟上你的思路。

简明扼要:避免啰唆,直接抓住重点,尤其在推荐产品或讲解关键内容时。

(3) 学习互动引导技巧

主动提问:时不时问观众问题,比如"大家有过类似经历吗?""你们怎么看呢?"

带动观众情绪:学会制造小高潮,比如通过语气变化、悬念设置来吸引观众注意力,调动他们的互动欲望。

(4) 应对突发情况的能力

保持冷静:在遇到突发状况时,保持冷静,以轻松的态度处理。

转移话题技巧:当出现不合适的问题或状况时,可以巧妙地转移话题,用幽默或其他内容过渡。

(5) 提升语言感染力

语速和音量的调控:可以通过语速的快慢、音量的大小来加强某些重点,让话术更加生动。

情绪表达:让观众感受到你的情绪变化,比如高兴、好奇、惊讶等,这样能让讲解更有代入感。

实用技巧:

模拟练习:可以对着镜子练习,观察自己的表情和语气是否自然。

录音复盘:录下自己的直播片段,听听哪里可以做得更好。

参考专业主播:观看一些专业主播,学习他们的语言组织和表达方式。

可以看到 AI 提供出了几点主播在话术方面需要提升的技能，这个时候，学习者可以继续向 AI 发问，关于其中的每一点，让 AI 继续提供支持。以第 3 点，学习互动引导技巧为例。

问：

请你详细为我讲解
学习互动引导技巧，并提供一些练习。

答：

好的！学习互动引导技巧是提升直播活跃度、增强观众黏性的关键。互动引导不仅能帮助主播吸引观众注意力，还能让直播内容更加有趣、充实。下面是详细的讲解和一些练习建议：

（1）学习互动引导技巧

①主动提问

方法： 主动提问能激发观众的思考和参与。例如：
"大家有遇到过类似的问题吗？"
"你们更喜欢哪个颜色呢？"
"有谁猜到下一件产品是什么吗？"

注意： 提问时，最好围绕直播主题，同时避免太复杂或太个人的问题。问题要尽量简单易答，让观众更容易参与。

练习：
列出不同场景的常见提问方式（如日常聊天、产品推荐），然后模拟直播时用这些问题进行提问。
试着设计三到五个简单有趣的问题，围绕不同话题，例如商品特性、个人经历或生活习惯等，进行直播练习。

② 设置悬念

方法： 通过设置悬念来吸引观众持续观看。比如：
"接下来给大家介绍一个很神奇的小工具，一定会让你们惊讶！"
"等一会儿，我会告诉大家一条很实用的省钱小窍门！"

注意： 悬念要与直播内容相关，不要过于夸张或误导，以免观众失去信任。

练习：
为一次直播内容设计 3 到 5 个悬念点，比如商品亮点、优惠信息等，并尝试在直播中使用这些悬念。
录制自己的直播，复盘时观察观众的反馈，看看这些悬念是否吸引了他们的兴趣。

③ 激发观众情绪

方法： 利用语气和表情变化，来带动观众的情绪。例如：
"哇！这个产品居然这么便宜，大家觉得划算吗？"
"谁能想到，这个小工具竟然有这样的效果！"

注意： 情绪表达要自然，避免过于夸张或做作，影响观众的观感。

练习：
在镜子前练习表情管理和语调变化，观察自己的情绪表达是否真实。
对比练习不同的语气和表情，找出适合自己的语气风格。

④ 表扬和感谢观众

方法： 适当的表扬和感谢可以拉近与观众的距离，比如：
"谢谢大家的支持！"
"这位观众提了一个很好的问题！"

注意：表扬和感谢要真诚，不要过多或重复，否则会显得刻意。

练习：
在直播中设置感谢和表扬环节，比如看到观众点赞、评论时，真诚地表达感谢。
对不同类型的互动（如点赞、评论）设计不同的感谢方式，进行练习并记录效果。

⑤借用热门话题

方法：选择一些当前热门话题，结合直播内容进行互动。例如，如果当前季节性商品热销，可以问观众的使用心得。

注意：热门话题要与直播内容有关，避免引入不相关或争议性强的话题。

练习：
根据当前热门话题列出三个互动问题，并在直播中测试观众的反馈。
定期跟进热点话题，为直播增加新鲜感。

总结练习

a. 场景模拟：每天选择一个互动引导技巧，进行 5～10 分钟的模拟练习。
b. 观看复盘：录制自己的练习片段或直播视频，复盘观察互动技巧的效果。
c. 观众反馈记录：记录观众对不同互动技巧的反应，总结哪些技巧最能引起关注和兴趣。

主播通过以上 AI 提供的分段式的技能练习，可以逐渐增强自己的话术讲解能力，使直播内容更加吸引人，进而提高观众的参与感和黏性。

3.2.2 自我学习能力

主播要想成为专业主播，要具备自我学习的能力。自我学习能力是每一位主播在追求专业发展的过程中不可或缺的能力。主播行业的竞争激烈，不断变化的观众需求和趋势要求主播时刻保持敏锐的学习意识。具备自我学习能力，主播才能在不断变化的环境中快速适应，提升自己的内容输出质量和观众黏性。

主播的日常工作不仅仅是出现在镜头前，还包括内容策划、脚本设计、话术创新等，这些都需要主播持续学习和积累经验。例如，新产品的快速上手、新平台算法的变化、观众喜好的转变，都是主播需要关注和学习的方向。如果主播仅依靠过去的经验，而不主动去学习新知识，很快就会被行业淘汰。

自我学习还可以让主播不断创新内容形式。通过学习和积累，主播可以掌握更多的话题资源、流行元素以及营销策略，将其融入直播中，带给观众耳目一新的体验。自我学习不仅有助于专业技能的提升，还能增强主播的个人魅力，使观众产生信任感和归属感。观众往往更喜欢那些能够不断成长、提供新鲜内容的主播，自我学习能力正是实现这种持续成长的基础。

AI工具的使用，让主播的自我学习能力变得简单起来，无论是对于内容策划、脚本设计还是话术创新等，均可以使用AI来进行辅助。具体的学习方法，将在后面章节中详细讲解。

3.2.3 心态管理能力

心态管理能力对主播而言至关重要。直播环境往往充满了不确定性，观众数量的波动、互动的变化，甚至外界对主播的评价和反馈，都会对主播的情绪产生影响。在面对这些状况时，主播若缺乏良好的心态管理，容易因情绪波动而影响表现，进而影响直播效果和观众体验。

在一些直播时段，观看人数可能骤减，互动冷清，这时候如果主播出现焦虑或失落情绪，不仅会打乱自己的节奏，还可能让少数在线的观众感受到消极气氛，从而离开直播间。相反，如果主播能够平稳心态，以积极的态度继续直播，不论在线人数多少，都能维持内容质量，就更容易留住观众并吸引新观众的加入。当直播间迎来"爆"流量时，心态管理同样关键。高流量会带来高期待，而观众互动增加、评论涌入可能会使主播感到压力。若主播不能平稳应对，可能会导致失误，甚至影响观看体验。拥有良好的心态管理能力，可以帮助主播在高流量时依然保持从容自信，顺利应对观众的各种问题和需求。

良好的心态管理不仅能让主播面对任何场景都能沉着应对，还能够展现出更专业、更有魅力的一面，帮助其在直播领域更长久地发展，可以借助于 AI 工具来进行心态调节。我们以一个具体例子来阐述 AI 如何帮助我们调整心态。

> 在一次新品发布的直播中，主播正在热情地介绍一款高科技厨房小家电。这款产品的亮点是它的智能功能，可以通过手机控制，并且自带语音助手，能帮助用户完成各种烹饪任务。直播间气氛热烈，观众互动活跃，许多人在留言区询问功能细节，主播也很自信地回答着问题。
>
> 就在直播进入高峰期时，主播准备展示这款智能小家电的语音助手功能，通过语音命令演示其自动加热功能。然而，正当主播兴奋地发出语音指令时，设备却出现了意外情况，无法响应指令，显示屏也突然黑屏了。观众看到这一幕，瞬间爆发出大量留言，有人询问"怎么回事？""是不是产品出故障了？"也有观众开始质疑产品质量，甚至有人直接留言说"这是不是假宣传啊？"

面对上面的情况，很多主播会当场愣住，这个时候，可以借助 AI 来进行调整，让 AI 提供解决方案，可以向 AI 提问如下。

问：

　　我在进行一场直播，商品是高科技厨房小家电，我向它发出语音指令，突然设备意外无法响应，显示器黑屏。直播观众询问："怎么回事？""是不是产品出故障了？"也有观众开始质疑产品质量，甚至有人直接留言说"这是不是假宣传啊？"

　　我该如何处理？请直接提供解决方法平复观众的心情。

答：

　　遇到这种突发情况，以下是几个平复观众心情的处理方法，帮助你稳住直播节奏：

　　（1）迅速安抚情绪：保持冷静，立刻向观众说明情况，用轻松的语气说："大家别着急，看来这个小家伙今天想'休息'一下呢！应该是设备的演示模式临时出了点小问题。"这样幽默的回应可以缓解观众的紧张情绪。

　　（2）解释原因并表示信心：接着补充说明："新品展示难免会有意外，尤其是科技设备，相信大家也有过手机或电脑偶尔卡顿的情况，对吧？我们产品的质量是经过严格检测的，请大家放心。"

　　（3）承诺后续检查：让观众安心，你可以说："为了确保大家看到的都是准确无误的功能，我们会在直播后安排工程师进行详细检查，确保没有任何问题。谢谢大家的理解和支持！"

　　（4）灵活转移话题：在等待设备恢复或继续直播时，可以灵活转移话题。例如介绍其他功能，或与观众互动："来，趁这个时间大家可以随意问我一些其他产品的功能，我会尽量解答。"

　　（5）恢复后重新演示：如果设备恢复正常，及时重新演示，并让观众看到设备的流畅操作。这不仅让观众放心，也增强了对你处理意外的信任感。

通过 AI 的及时反馈，主播更为方便和快速地可以调整自己的心态，及时控场，挽救直播的场面。观众可以看到主播的专业和冷静，反而可能对产品和主播的人格魅力更加认可。

3.2.4 流量掌控能力

直播的"流量"指的是观众的数量和他们在直播间的活跃度。简单来说，就是有多少人观看直播、停留多久、互动的频率等。对于主播而言，流量就是人气，能决定直播的受欢迎程度和效果。流量大、互动活跃的直播往往更容易带动商品销售，吸引更多观众。

主播之所以需要具备流量的掌控能力，是因为直播并不是简单地"开播"就行，还涉及如何吸引观众进入、让他们停留，并且参与互动。每一个步骤都影响着流量。例如，在开播初期，通过一些有吸引力的标题、设置悬念，或是用欢迎语热情地招呼观众，能让进入直播间的观众停留下来。主播的控场能力强，观众会觉得直播内容丰富、互动有趣，自然会多停留一会儿，甚至有可能推荐朋友也来观看。

当直播间人数突然增多时，主播的流量掌控能力就显得尤为重要。这时候主播需要灵活地控制直播节奏，让新观众快速了解直播主题，同时照顾到老观众的观看体验。如果主播表现得慌乱或没有组织，可能会导致观众流失。而如果主播能有条不紊地欢迎新观众、活跃气氛、引导互动，观众就会更有参与感，进而增加直播间的活跃度。

第 4 章

AI 教你选择爆款商品

在电商直播中,选品的好坏几乎决定了一场直播的成败。选对商品,不仅可以吸引更多观众,还能有效提升直播间的转化率和销售额。特别是在市场竞争激烈、观众口味不断变化的情况下,挑选出符合流行趋势和观众需求的"爆款商品"更显得至关重要。

4.1 如何挑选合适的赛道

在电商直播中,"赛道"指的是主播选择的品类或细分市场,比如美妆、家居、数码、食品等不同类别。选择合适的赛道可以帮助主播锁定目标受众,提升直播的吸引力和转化率。那么,如何才能选对赛道呢?

4.1.1 分析目标用户

赛道的选择应符合目标用户的需求和偏好。

首先,要明确观众是谁,他们的年龄、性别、消费习惯、兴趣爱好等信息。比如,如果观众多为年轻女性,可以选择美妆、服饰等细分领域;而如果观众多为家庭用户,则可以选择家居、母婴、健康类产品。了解观众需求有助于选到他们更关注的产品赛道,让直播内容更具吸引力。

其次,主播可以使用 AI 工具分析观看者的购买历史、浏览记录等大数据,构建观看者的画像、揭示观看者的偏好、需求以及购买的决策过程等。这一过程可以借助 AI 工具来实现。

最后,电商直播人员需要将部分观看同品类直播的观看者的购买历史、浏览记录等数据归纳成文字的形式进而通过 AI 工具,上传到 AI 客户端,让 AI 进行分析即可。具体操作如下。

> **问:**
> 请根据用户张三在某电商平台的后台记录,对其进行精准的消费行为分析,推测其购买的倾向和日常消费习惯。

附：张三的后台记录

注册日期：2023-02-20

2024-09-29 09:20:00 - 访问"数码电子"专区

2024-09-29 09:35:00 - 查看产品详情页：无线蓝牙耳机（产品ID：4001）

2024-09-29 09:50:00 - 查看产品详情页：智能手表（产品ID：4002）

2024-09-30 14:30:00 - 访问"健身器材"专区

2024-09-30 14:45:00 - 查看产品详情页：瑜伽垫（产品ID：5001）

2024-09-30 15:00:00 - 查看产品详情页：跳绳（产品ID：5002）

2024-10-01 13:20:00 - 访问"家居用品"专区

2024-10-01 13:30:00 - 查看产品详情页：多功能搅拌机（产品ID：6001）

2024-10-02 10:00:00 - 访问"健康食品"专区

2024-10-02 10:15:00 - 查看产品详情页：即食燕麦片（产品ID：7001）

2024-10-02 10:20:00 - 将即食燕麦片加入购物车

2024-10-03 16:45:00 - 访问购物车

2024-10-03 16:50:00 - 购买即食燕麦片和有机蜂蜜（订单号：56789023）

……

答：

基于张三的消费记录，可以从他访问的品类、查看的商品以及购买行为中推测出其消费倾向和日常消费习惯：

（1）健康和健身倾向

张三多次访问"健身器材"专区，并查看了瑜伽垫和跳绳等健身用品，显示出对健身的关注。他还购买了即食燕麦片和有机蜂蜜，进一步体现了对健康饮食的重视，偏向于选择低糖、天然、无添加的健康食品。因此，他的消费倾向可能包括健身和健康相关产品，尤其是日常便捷且健康的食品和轻运动器材。

（2）关注生活品质和便利的家居产品

张三浏览了"家居用品"专区，并查看了多功能搅拌机，表明他对提升生活品质和便利的家居产品感兴趣。搅拌机类产品一般与健康饮食或烹饪需求有关，这与他的健康食品消费形成呼应。因此，他在家居品类中可能更倾向于选择那些可以优化日常生活或提升饮食质量的产品。

(3) 数码电子产品的潜在购买需求

张三访问了"数码电子"专区，并查看了无线蓝牙耳机和智能手表等电子设备，说明他对数码产品也有一定关注，尤其是能提升生活或运动体验的穿戴类产品。虽然目前没有直接购买行为，但他可能在考察或比较产品，因此未来有较大可能购买此类便捷的数码设备。

(4) 消费行为特征

张三倾向于在不同品类间进行浏览，表现出对健康、运动、生活品质提升等多方面的兴趣。这类用户往往有较强的自我提升意识，对商品的选择有一定标准，关注商品是否能够帮助其实现便捷和高质量的生活方式。此外，张三习惯于浏览商品后先加入购物车，可能会在一段时间后考虑再购买，属于相对理性的消费者。

消费行为总结

消费偏好：张三注重健康和生活品质，倾向于购买健康食品、健身器材和生活便利家居用品。

潜在需求：数码电子设备，尤其是与运动和生活相关的智能穿戴设备。

消费习惯：理性决策型，通常会在购物车中积累产品，再进行比较或多次浏览后下单。

根据上面张三在电商平台的后台记录，使用AI工具可以结合大数据做出较为全面的分析和判断，进而找准用户的偏好。分析众多直播观看者的具体情况，可以结合他们的喜好进一步定制直播内容。

4.1.2 评估竞争情况

每个赛道的竞争程度不同，有些赛道已经有很多大主播在深耕，这时要评估自己是否有优势去竞争。例如，如果热门的美妆赛道中已经聚集了大量的知名主播，刚入行的主播可以考虑其他潜力大但竞争相对较小的细分市场，比如天然有机护肤品、小众彩妆等。合理避开竞争激烈的赛道，有助于新手主播找到自己的生存空间。

主播可以使用 AI 工具来分析对手的情况，避开竞争激烈赛道，具体操作如下。

> 美妆赛道：在美妆领域，许多头部主播主要推广国际大牌和热门彩妆产品，聚焦于年轻女性观众，特别是 20～30 岁的群体。相关的知名主播包括 A 主播和 B 主播，他们主要带货的是高端化妆品和热门护肤品，直播间粉丝活跃度高，流量集中且稳定。
>
> 护肤赛道：C 主播和 D 主播深耕天然有机护肤品赛道，主打纯植物成分和健康护肤理念，吸引了大量偏好天然产品的观众。该细分市场的粉丝黏性较高，C 主播已建立了成熟的粉丝群体，D 主播主打健康护肤科普，逐步形成个人特色。
>
> 服饰赛道：E 主播以时尚女装、轻奢配饰为主，主要面向一线城市的职场女性观众，直播间粉丝对高质量和时尚潮流有较高的追求。E 主播直播间的观众消费力强，且追求时尚感，同时同类主播也较多，竞争激烈。
>
> 母婴赛道：F 主播专注于母婴用品，推广婴幼儿用品和儿童玩具，特别关注安全性和品牌知名度，直播间的观众多为年轻妈妈，具备较强的复购需求。F 主播在该赛道拥有较高的知名度，几乎垄断了部分热门母婴产品的流量。
>
> 家居赛道：G 主播以居家收纳和日常清洁用品为主，主要面向有家庭的中青年观众，直播间强调实用性和性价比，受众忠诚度高。该赛道的竞争相对适中，但也有 H 主播等知名主播主打智能家居产品，吸引了对科技家居有兴趣的观众。
>
> 零食赛道：I 主播和 J 主播主推健康零食和进口零食，专注于年轻观众，直播风格轻松幽默，较容易吸引学生群体和都市白领。I 主播已拥有一定的粉丝基础，并形成固定粉丝圈，J 主播则刚入局，但凭借独特的推荐风格逐渐提升了流量。

> 电子数码赛道：K 主播深耕智能穿戴和手机配件等产品，面向数码产品爱好者及年轻男性观众，直播内容偏向产品评测与使用体验分享。该赛道竞争激烈，尤其是以新产品发布和促销活动为主，吸引了一批忠实观众。
> ……

将上述数据直接给到 AI 即可让其提供一些关于市场竞争情况的分析，AI 也可以向我们提供建议。

问：

我是一名主播，现阶段有一些主播的情况，请你结合上述情况，选择我可以入行的主播行业，并且提供具体的建议。

其他主播的市场情况分析：略

答：

根据当前主播的市场情况和各赛道的竞争情况，以下是几个适合您入行的细分赛道以及一些具体建议：

（1）天然有机护肤品

理由：在美妆和护肤赛道中，虽然整体竞争激烈，但天然有机护肤品是一个潜力较大的细分市场。天然成分和健康护肤理念目前受到了许多观众的青睐，尤其是对皮肤健康和环保有意识的观众群体。

建议：您可以通过产品科普、成分分析等方式来吸引对天然护肤有兴趣的用户，逐步建立专业形象。与 C 主播和 D 主播的风格区分开，您可以关注小众品牌或新兴天然护肤产品，以差异化的内容吸引粉丝。

（2）健康零食或天然食品

理由：健康食品和零食市场正在扩展，尤其是无糖、低脂或有机产品，吸引了大量关注健康饮食的观众。I 主播和 J 主播虽然已经入局零食赛道，但细分到健康食品领域的竞争还相对较小。

建议：您可以围绕健康饮食的主题打造直播内容，结合健康生活方式建议来增加粉丝黏性。尝试分享关于健康零食的实测体验、成分分析等内容，让观众感受到产品的真实性和实用性。

（3）智能家居细分市场

理由：虽然G主播在家居收纳和日常清洁方面已经有较好的市场基础，但智能家居产品更具科技感和新鲜感，有望吸引年轻、追求科技生活的观众群体。这一细分市场可以帮助您定位家庭用户，尤其是对科技产品有兴趣的观众。

建议：您可以专注于智能家电的日常应用、使用教程，搭配场景化的演示，吸引喜欢智能生活的观众。与现有的家居主播区分开，您可以尝试智能化场景的搭配推荐，让观众更有代入感。

（4）小众时尚配饰或轻奢品

理由：服饰赛道虽然竞争较多，但小众配饰和轻奢品的需求正在增长，特别是对独特款式和高品质有要求的观众。这个市场对主播的风格和个性化推荐需求更高，可以给新手主播提供一定的成长空间。

（5）灵活转移话题：

在等待设备恢复或继续直播时，可以灵活转移话题。例如介绍其他功能，或与观众互动："来，趁这个时间大家可以随意问我一些其他产品的功能，我会尽量解答。"

建议：您可以尝试以分享搭配技巧、展示小众品牌的方式切入该赛道。通过打造独特的穿搭风格和轻奢生活方式来吸引对时尚有追求的观众，提供个性化的搭配建议。

根据以上建议，可以更好地选择适合兴趣和优势的细分市场，并利用差异化的内容进行深耕，将更有利于吸引观众和建立独特的个人品牌。

4.1.3 把握季节和节日趋势

商品需求会因季节和节日而波动，例如夏季防晒产品、冬季保暖产品、年末的礼品类商品等。选择赛道时要关注这些季节性需求，提前为即将到来的热门品类做好准备。同时，节假日如"双十一""618"也会带动部分品类的需求增加，选择与季节和节日相契合的赛道，可以大幅度提高流量和销量。

使用 AI 可以对某些商品在其他年份的当前节点中具体的进程和相关数据进行深入分析，利用强大的数据分析和经验总结的能力，进而快速找到相关信息并将这些信息作为未来趋势分析的重要点位。

我们假设有一份"保湿面霜"的数据如表 4-1 所示。

表 4-1 保湿面霜在某平台的销售数据（虚构，仅做展示）

年份	销售额增长率（环比10月）	销售量	评论数（好评率）	主要购买人群	平均单价	热销趋势分析
2019	+30%	45000	3500(95%)	5～35岁女性，注重护肤品	150元	冬季将至，用户需求上涨，尤其干燥季节保湿类护肤品备受青睐
2020	+45%	65000	5200(93%)	25～40岁女性及男性关注人群增多	160元	新增抗敏感成分，提升保湿效果，引起用户广泛好评
2021	+55%	85000	7500(92%)	20～40岁群体，趋势倾向年轻化	155元	面霜细分产品推出"敏感肌专用"系列，吸引大量年轻用户，AI发现"双十一"期间需求激增
2022	+60%	110000	10200(94%)	各年龄段均有增加，特别是干性皮肤用户	170元	冬季保湿需求稳定，季节性增长明显，评论中多提到"舒缓"和"滋润"效果，尤其在北方地区

续表

年份	销售额增长率（环比10月）	销售量	评论数（好评率）	主要购买人群	平均单价	热销趋势分析
2023	+70%	135000	12000(96%)	18～45岁女性及男性人群持续增加	180元	AI发现"双十一"期间用户需求激增，特别是"长效保湿"产品关键词热度高；年轻用户偏好升级版"轻薄型"面霜

通过上述数据，可以让AI直接进行分析，得出具体的趋势。

问：

请通过上述表格，对"保湿面霜"的数据进行分析，提供今年的趋势以及建议。

答：

根据过去五年"双十一"期间的"保湿面霜"销售数据，可以总结出以下今年的趋势预测和选品建议：

今年的趋势预测

（1）销量增长潜力强：过去五年中，"双十一"期间的销售额和销量呈现出稳步上升的趋势，每年增长率均在30%以上，尤其在2023年达到70%的增长。这显示出保湿面霜在秋冬季节的市场需求非常强劲，预计今年销量仍将持续上升，可能会突破去年的记录。

（2）用户年龄覆盖广泛：起初的用户群体主要集中在25～35岁女性，但近几年覆盖范围逐渐扩大，包含了18～45岁的男女用户，尤其是年轻人群的关注度明显增加。今年可预期年轻用户仍会占较大比例，他们倾向于轻薄、快吸收的保湿面霜，且偏好创新型或特定功效的产品。

（3）消费者关注关键成分和使用体验：从评论关键词来看，"抗敏感""长效保湿""轻薄型"等是消费者的主要关注点。尤其是去年"长效保湿"相关产品的受欢迎度高，表明消费者对保湿持久性和皮肤舒适度的要求上升。

选品建议

(1) 重点选择"长效保湿"与"抗敏感"配方：根据近几年的评论和趋势数据，长效保湿、抗敏感成分的产品更受欢迎。建议在选品时优先考虑含有透明质酸、神经酰胺等成分的保湿面霜，这类产品更符合消费者对于"长效保湿"与"抗敏感"的需求。

(2) 面向年轻用户推广"轻薄、快吸收"产品：年轻用户的数量逐年增加，且他们更偏好轻薄质地、吸收迅速地产品。可以选择此类产品进行推荐，并突出"轻薄"和"不油腻"特性，以吸引年轻消费者。

(3) 增加场景化推荐，特别是秋冬季使用场景：在今年的"双十一"直播或产品介绍中，结合秋冬季节干燥的特点，营造适用场景，展示如何让保湿面霜有效对抗寒冷和干燥天气。可以通过小故事或真实场景分享使用体验，提升观众的代入感和购买意愿。

(4) 突出高性价比和套装优惠：根据今年整体消费趋势，用户对高性价比的关注度上升。可以考虑推出单品与套装组合，提供优惠价格，比如"面霜+精华液"组合，增加产品价值感，提升下单量

今年"双十一"可以在这些方面进行精准的推广和推荐，利用 AI 的数据分析帮助选择受欢迎的产品，抓住当下季节需求，进一步提升销量和用户满意度。

有些赛道可能暂时还不热门，但具有良好的发展潜力，比如智能家居、绿色环保产品等。AI 可以帮助分析数据，发现市场中的新兴赛道，主播可以通过观察电商趋势和消费变化，提前布局这些可能会走红的赛道，抢占先机。选对新兴赛道，就等于抓住了一个蓝海市场的机会，能更快吸引到一批忠实观众。

通过 AI 的结合，方便电商和直播者找到一个适合的直播赛道，让直播内容更有针对性和竞争力，为选品奠定良好的基础。

4.2 常见选品类型分析

常见的商品类型有哪些?

这是我们在具体选定直播商品时,需要注意的关键点。

我们首先以"记忆"的方法,给定 AI 一个记忆如下。

> **问:**
> 我要进行一场直播,下面会提供几种商品类型,请你分别帮我归纳出,每种商品的具体选择条件和方案。
> 请记忆上面的情景。
>
> **答:**
> 当然可以,请告诉我你计划在直播中展示的商品类型以及你希望我帮助归纳的任何具体细节。这样我才能更好地为你提供合适的选择条件和方案。

4.2.1 引流款

引流款据名词即可了解为直播间引导流量的商品,这方面的商品,如何选择?它应该具备怎么样的特性?通过 AI 工具,可以了解到其具体的信息。

因为我们已经让 AI 记忆了场景,所以直接在 AI 工具聊天窗口输入"引流款"即可。

问：

引流款。

答：

引流款商品通常指的是那些能够吸引大量观众或客户的商品，主要目的是为了吸引流量并提高其他商品的销售。以下是选择和推广引流款商品的几个关键条件和方案：

（1）价格优势：
选择价格较低，性价比高的商品，这样可以吸引大量寻求实惠的消费者。
确保商品即使低价也能保持一定的质量标准，避免负面评价。

（2）市场需求大：
选择当前市场上需求量大的商品，可以通过市场调研或查看各大平台的热销商品列表来判断。
选择适合大众消费习惯和喜好的商品。

（3）独特性或新颖性：
选择具有独特卖点或新颖特性的商品，如最新科技产品、独家设计的时尚服饰等。
这类商品能够激发观众的好奇心和购买欲。

（4）易于展示和解释：
选择在直播中易于展示和讲解的商品，确保商品的优点和使用方法可以通过视频直观表达。
准备充分的产品信息和演示，包括使用教程、效果展示等。

（5）具有高转化潜力：
评估商品的转化率，选择那些过去在其他渠道或广告中转化表现好的商品。
考虑引入限时折扣、买赠活动等促销策略以提高转化率。

(6）目标群体定位明确：

明确你的直播观众群体，选择符合其特定需求和兴趣的商品。

进行观众分析，了解他们的购物偏好和消费行为。

通过以上策略选择引流款商品，可以有效吸引观众的注意力并提高整体的销售业绩。你可以根据自己的具体情况和观众群体进行适当调整。如果需要更具体的商品推荐或其他帮助，请告诉我！

AI 归纳出了具体的适合作为引流款的商品，只需要在商品库中选择符合要求的商品即可。

4.2.2 利润款

利润款商品是指在销售过程中能够确保赚取一定利润的商品。通常，这类商品的售价高于其成本价，从而在每次销售时都能为卖家带来利润。在直播销售中，这种商品非常关键，因为它们不仅帮助维持直播间的经济效益，还有可能成为热销商品，吸引更多观众，从而提升直播间的人气和销售额。

简单来说，利润款就是在直播中能赚钱的商品。直播主通过销售这些商品来确保自己能赚到钱，同时也试图通过这些商品吸引更多的观众，提升直播的整体效果。

在 AI 的聊天窗口中，继续输入"利润款"即可。

问：

利润款。

答：

对于利润款商品的选择和策略,你可以参考以下几个关键点:

(1) 高利润率:

选择那些成本相对较低但可以高价销售的商品,如独家产品、定制商品或品牌合作产品。

确保商品的定价策略能够覆盖成本并产生足够的利润空间。

(2) 品质保证:

提供高品质的商品可以让消费者感受到物有所值,这有助于建立品牌的信誉和消费者的忠诚度。

选择那些已经在市场上获得良好口碑和评价的商品。

(3) 市场定位精准:

针对目标消费群体的需求和偏好来选择商品。如果你的观众主要是追求高端生活品质的消费者,可以选择奢侈品或高端电子产品。

进行细分市场研究,了解不同消费者群体的消费行为和喜好。

(4) 独特卖点:

利润款商品应具备独特卖点或独家优势,如采用特殊材料、具有创新设计或者提供额外服务。

明确表达商品的独特之处,增强其吸引力。

(5) 营销和促销策略:

利用有效的营销策略来提升商品的知名度和购买欲,如通过KOL合作、社交媒体广告或特别活动。

考虑在直播中实施特别促销,如限时折扣或捆绑销售,以提高销售量和观众参与度。

（6）库存和供应链管理：

确保有足够的库存来应对潜在的高需求，同时维护良好的供应链关系，确保商品可以及时补货和发货。

使用先进的库存管理系统来监控销售动态和库存状况。

通过上述方法选择和推广利润款商品，不仅可以确保直播间的营利性，还有机会打造出爆款商品，从而大幅提升直播间的整体表现和观众的购买率。

4.2.3 福利款

福利款商品是指在直播间中用来吸引和保持观众的产品，这类商品通常具有较高的性价比，意味着它们的价格适中而质量较好，对观众而言性价比高，因此非常受欢迎。这种商品不是为了直接赚取大量利润，而是用来过渡引流款和利润款，帮助直播间稳定流量和观众数量。在直播的销售策略中，福利款商品起到了很好的桥梁作用。它们虽然不直接追求高利润，但通过提供高性价比的好产品，可以有效吸引观众进入直播间，增加观众的黏性，使观众更愿意停留和参与，从而为直播间带来稳定的流量。这种稳定的流量对于后续推广更高利润的商品或者潜在的爆款商品非常有帮助，因为已经有了一定数量的忠实观众基础。

在 AI 的聊天窗口输入中，继续输入"福利款"即可。

问：

福利款。

答:

对于福利款商品的选择和销售策略,可以考虑以下几点:

(1) 高性价比:

选择那些价格适中且质量较好的商品,确保消费者感受到物超所值。

商品可以是日常生活用品、实用电子产品或者其他广泛需求的消费品。

(2) 目标群体的需求:

根据直播观众的特点选择商品,例如年轻观众可能对科技产品或时尚配饰更感兴趣。

了解观众的消费习惯和偏好,选择能够引起他们兴趣的商品。

(3) 营销策略:

通过直播提供特别优惠,如限时折扣、买一送一等,以增加购买的吸引力。

使用互动环节,如抽奖或问答,来增加观众的参与度和黏性。

(4) 清晰的商品信息和展示:

在直播中详细介绍商品的特点和优势,确保观众能够充分了解商品的价值。

准备商品的实物展示和使用演示,提高商品的透明度和信任度。

(5) 评价和反馈的积极管理:

鼓励满意的消费者在平台上留下正面评价,这有助于提高商品的信誉和吸引新观众。

积极处理消费者的反馈和问题,确保观众满意度,维持直播间的良好声誉。

(6) 库存和物流的有效管理:

确保有充足的库存来应对可能的高需求,避免商品缺货影响销售和观众满意度。

优化物流过程,确保商品能够快速和安全地送达消费者。

通过这些策略,福利款商品不仅能够增加直播间的观众黏性和参与度,还能够作为吸引和稳定观众的有效工具,为直播间带来更多的流量和潜在的高利润商品销售机会。

4.2.4 战略款

福利款商品是指在直播间中用来吸引和保持观众的产品,这类商品通常具有较高的性价比,意味着它们的价格适中而质量较好,对观众而言性价比高,因此非常受欢迎。这种商品不是为了直接赚取大量利润,而是用来过渡引流款和利润款,帮助直播间稳定流量和观众数量。在直播的销售策略中,福利款商品起到了很好的桥梁作用。它们虽然不直接追求高利润,但通过提供高性价比的好产品,可以有效吸引观众进入直播间,增加观众的黏性,使观众更愿意停留和参与,从而为直播间带来稳定的流量。这种稳定的流量对于后续推广更高利润的商品或者潜在的爆款商品非常有帮助,因为已经有了一定数量的忠实观众基础。

在AI的聊天窗口输入中,继续输入"福利款"即可。

战略款

对于战略款商品的选择和推广策略,你可以考虑以下几个关键点:

(1)高价值和高品质:
选择那些在市场上具有高价值和高认可度的商品,如名牌奢侈品、高端电子设备或独特的手工艺品。

确保商品在设计、材料和功能上均体现出高品质。

(2) 设定价格锚点：

通过展示高价商品，为直播间的其他商品设定一个高的价格参照点。

这能够让其他正常或低价商品看起来更加具有吸引力和实惠。

(3) 提升直播间形象：

展示高价值商品能够提升直播间的专业形象和档次，吸引更多追求高品质生活的观众。

进行精心的商品展示和讲解，体现出直播间的专业知识和对高品质生活的追求。

(4) 营销和传播策略：

利用高端商品的吸引力进行市场营销，包括在社交媒体上进行预告和高光时刻分享。

邀请知名人士或行业专家参与直播，增加商品的信誉和吸引力。

(5) 优化观众体验：

提供详细的产品描述和高质量的演示，确保观众能够清楚理解商品的价值和特性。

为高价商品提供专业的客户服务和售后支持，增强消费者的购买信心。

(6) 使用价格对比技术：

在直播过程中，巧妙地使用价格对比，展示高端商品和其他商品之间的价格差异，突出性价比。

这种对比可以有效地激发观众的购买欲，使他们感觉到其他商品更加值得购买。

通过实施这些策略，战略款商品不仅能够提升直播间的整体形象和专业度，还能通过高低价格的对比，有效地推动其他商品的销售。

4.2.5 赠品款

赠品款是直播间中用来送给下单的用户的免费商品,目的是鼓励观众下单,从而提升直播的成交量。这类商品通常是与主销售产品相关联的,比如购买一款护肤品可能会赠送相应的小样或美容工具,这样可以增加购买的吸引力而不会与主销售产品形成竞争。赠品款的一个关键点是它通常看起来价值不菲,让人感觉得到了很大的优惠或好处,尽管其实际成本相对较低。这种低成本是基于直播商家自身的供应链优势,通过减少采购成本来减少赠送这些商品时的亏损。

在 AI 的聊天窗口中继续输入"赠品款"即可。

赠品款。

对于赠品款商品的选择和推广策略,以下是一些关键点:

(1)与主商品相关联:

选择与主销售商品相关联的赠品,例如购买化妆品时赠送化妆刷或小样。

这样的关联可以增加商品的整体吸引力,并强化消费者对主商品的购买意愿。

(2)感知价值高,成本低:

选择看起来价值较高但实际成本低的商品作为赠品,如品牌合作的小配件、限量版小样等。

这种高感知价值可以让消费者感觉到他们得到了更多的好处,从而增加购买的冲动。

(3)促进成交:

使用赠品作为促销手段,鼓励观众在直播期间下单,特别是在促销活动或高峰时段。

可以设置条件赠送，如"前100名下单的观众可获得赠品"，以此激发观众的紧迫感和购买欲。

（4）增加客户忠诚度：

提供赠品不仅可以在短期内增加销量，也可以在长期内建立客户忠诚度。

赠品可以让消费者感受到额外的关怀和价值，增加他们对品牌的好感和回购率。

（5）物流和库存管理：

确保赠品的供应链稳定，以避免在直播中因库存不足而无法满足赠品承诺。

管理好赠品的库存和发货流程，确保赠品能够及时且准确地送达消费者手中。

（6）宣传和展示：

在直播前通过社交媒体和其他营销渠道宣传赠品活动，增加直播的吸引力和观众的预期。

在直播中清楚展示赠品的详细信息和优势，确保观众了解他们将获得的额外好处。

通过这些策略，赠品款商品可以有效地作为一种激励措施，增加直播的成交量和观众的满意度。

需要注意的是，上述和AI工具聊天的过程中，因为我们在最初的对话界面，已经给了AI情景记忆，所以，在后续的提问时可以直接输入"战略款""赠品款"等内容，不需要继续丰富这个问题，这些工具在短期内可以记忆我们的要求。如果我们打断了这个提问模式，需要将具体的问题进一步细化。

第 5 章

AI 帮你写出吸睛直播文案和脚本

直播中一句吸引人的开场白、一段精彩的介绍，或是一次与观众的灵活互动，都可能成为促成销售的关键。然而许多主播在面对层出不穷的产品和日益增长的竞争压力时，往往会感到无从下手。如何在短时间内吸引并保持观众的注意力？如何将产品的特点与消费者的需求巧妙结合，转化为销售力？这些问题无疑是每个电商直播从业者必须面对的挑战。我们将深入探讨 AI 技术如何助力主播们突破传统话术的局限，创造出既有深度又富有创新性的直播内容。本章将提供实用的策略和技巧，帮助你在众多直播主播中脱颖而出，不仅增强你的直播表现，还能有效提升观众的参与度和购买转化率。

5.1 AI 直播文案写作

在直播带货的过程中，撰写直播文案是第一步，在撰写的过程中，需要从用户的特点和需求出发，突出产品的卖点和特点，营造紧迫感，增加与观看直播的人员的互动性，并且适度采用多样化的表达方式来吸引用户的注意力。

可以使用 AI 工具轻松的生成吸引人的直播带货文案，这其中有产品介绍、销售文案，以及互动内容等。

5.1.1 产品介绍文案的生成

电商直播中的产品介绍文案，是指在网络直播过程中，主播对销售产品的详细描述和推荐的语言材料。这种文案的主要目的是吸引观众的注意力，增加产品的吸引力，从而促进销售。

好的产品介绍文案应该包括以下几个方面：首先，它需要明确地介绍产品的基本信息，如产品的名称、主要功能、特色或使用的材料等。其次，文案应该突出产品的独特卖点，比如它解决了哪些常见问题，或者它与市场上其他相似产品相比有何优势。最后，有效的文案还会包含一些用户的使用体验或评价，以增强产品的可信度。

在直播过程中，主播会用生动活泼的语言将这些文案内容传达给观众，有时还会辅以演示或试用，使观众能更直观地理解产品的效果和功能。通过这样的方式，文案不仅帮助消费者了解产品，也极大地激发了消费者的购买欲望。

我们可以使用如文心一言、通义千问等 AI 工具，在其聊天对话页面中，输入相应的提示词，让 AI 扮演带货主播的角色，进而指定相应的内容要求和商品的信息等。

第 5 章　AI 帮你写出吸睛直播文案和脚本

问：

请你扮演一位带货的主播，你需要根据我给出的相关商品信息，撰写出一段直播带货的产品介绍文案。

其中需要包括商品的亮点、价值，激发观看者的购买欲望。

附：

商品名称：××精华霜。

商品亮点：深入皮肤深处，使皮肤更有弹性，延缓衰老。

AI 会秒生成相关的文案如下。

答：

亲爱的观众们，大家好！今天我要给大家带来的，是一款刚刚上市的护肤神器——××精华霜！首先，这款精华霜最大的特点就是它能深入我们皮肤的底层，帮助我们的皮肤恢复弹性，你有没有感觉到随着年龄增长，皮肤开始出现松弛和细纹呢？那这款精华霜就是为你量身定做的。

它的配方非常独特，富含多种活性成分，能够深层滋养我们的肌肤，改善肤质。使用后，你会明显感觉到皮肤变得更加紧致，细纹和松弛的问题得到有效改善，使皮肤看起来更年轻、更有活力！

我们都知道，肌肤的好坏直接影响到我们的外观和心情。投资在护肤品上，其实就是在投资自己的未来。想要皮肤年轻十岁？××精华霜，绝对是你不二的选择！现在下单，我们还有额外的优惠哦，数量有限，赶快行动吧，给你的肌肤来一次深层的滋养和宠爱，让你重拾青春的光彩！

5.1.2 销售文案的生成

电商直播中的销售文案，是指在网络直播时，用来推广和销售产品的一系列精心编写的文字和话术。这些文案的主要目的是通过直观、吸引人的语言来介绍商品，突出商品的特点和优势，以激发观众的购买欲望。

销售文案不仅仅是简单地介绍商品，它还包括使用策略性的语言来打动听众，比如通过讲故事、展示商品使用前后的对比、引用满意顾客的评价等方式。好的销售文案能够创造一种氛围，让观众感觉到购买产品不仅是在交易，而是在为自己的生活增加价值。

在电商直播中，主播会根据文案提示进行讲解和演示，使得产品特性和使用效果一目了然。这种直播方式的互动性强，可以即时解答观众问题，增加信任感，从而有效提升销售效果。

同样可以使用 AI 工具进行销售文案的生成，让其扮演带货主播的角色为我们生成相关文案。

> **问：**
>
> 请你扮演一位带货的主播，你需要根据我给出的相关商品信息，撰写出一段直播带货的销售文案。
>
> 附：
> 商品名称：××洗面奶。
> 商品亮点：深入皮肤深处，使皮肤更有弹性，对抗肌肤敏感问题，去油亮白。
>
> **答：**
>
> 大家好，欢迎大家来到我的直播间！今天我特别激动地给大家带来一款非常棒的护肤产品——××洗面奶，相信它会成为你们护肤过程中的新宠！
>
> 首先，让我来详细介绍一下这款洗面奶的多重功效。××洗面奶采用了独特的深层清洁技术，它可以渗透到皮肤的最深处，彻底清除污垢和油脂，这样不仅可以让你的皮肤更干净，还能有效去油亮白，即刻提亮肤色。

> 更重要的是，这款洗面奶还特别适合敏感肌肤使用。它含有温和的配方，可以缓解皮肤的敏感问题，同时增加皮肤的弹性，让你的皮肤变得更加柔软、有弹性，触感如婴儿肌肤般细腻。
>
> 大家想不想每天早上起来，看到镜子中那个有着清新亮白肌肤的自己呢？使用××洗面奶，就能让你每天都有一个好心情，迎接新的一天。现在下单购买，我们还有额外的优惠等着你哦！机会难得，赶紧行动吧，让我们一起享受美丽的每一天！

5.1.3 互动活动文案的生成

在电商直播的过程中，为了带动观看者的气氛，互动活动是必不可少的一环。这些活动能有效提升观众的参与感，使直播不仅仅是购物的过程，更是一场观众和主播共同参与的互动体验。互动活动的形式多种多样，包括但不限于提问互答、抽奖活动、观众投票、挑战任务等。

例如，主播可以设置提问环节，鼓励观众就产品提出问题，或者对直播内容进行互动评论。这种即时的反馈可以让观众感觉到自己的声音被听到，同时也增加了信息的透明度，帮助消费者更好地了解产品。除此之外，主播常常会通过抽奖活动来吸引观众参与，比如观看直播并留言的观众有机会赢取小礼物或者优惠券，这样的活动可以有效提升观众的积极性和忠诚度。

观众投票也是常见的互动方式，例如让观众选择主播的下一个展示产品或试用产品的颜色。这种方式不仅让观众感觉自己对直播内容有所控制，也使直播过程更加有趣和个性化。

使用AI工具依然可以策划出相对合适的互动活动。

请你扮演一位带货的主播，你需要根据我所给出的相关产品信息，撰写出合适的活动。

附：

商品主题为：化妆品专场。

答：

大家好，欢迎加入我们今天的化妆品专场直播！我是你们的主播，今天我们准备了一系列精彩的活动，让你在享受购物的乐趣的同时，还能参与到我们的互动中来。

首先，我们有一个"美妆达人挑战"活动。我会从化妆品中挑选几款产品，现场进行化妆示范。你们的任务是在评论区分享你们的化妆小技巧或者提出你们想看的化妆风格，我会根据你们的建议选择最受欢迎的风格来试妆。参与互动的观众将有机会赢取我化妆所用的产品之一！

接下来是"猜猜我想要什么"环节。在这个环节中，我会描述一款产品的功能特点，但不会直接说出这是哪款产品。第一个在评论区正确猜出产品名称的观众，将会得到该产品的专属优惠券。

最后，我们还有一个"转发抽奖"活动。只要你在直播期间将我们的直播间链接转发到你的社交媒体并截图证明，在直播结束前发送到我们的官方账号，就有机会获得我们精选的化妆品礼包一份。

希望大家能积极参与到我们的互动中来，不仅能了解到更多专业的化妆知识，还有机会赢得我们的超值奖品。现在就开始我们的化妆品探索之旅吧！

对于 AI 所策划的活动，我们还可以进一步要求 AI 提供详细的信息和活动过程。

请对于上面"美妆达人挑战"的活动，给出在直播间中，能让观看者参与的方式以及活动的流程和详细的步骤。

对于"美妆达人挑战"活动,以下是详细的参与方式、活动流程和步骤,确保观众能充分参与并享受这个互动活动:

参与方式:

观众通过直播间的评论功能参与。他们可以提交自己的化妆小技巧或建议想看的化妆风格。也可以通过点赞或回复其他观众的评论来表达支持某个建议。

活动流程和步骤:

(1)活动介绍:

在直播开始时,主播先进行活动的介绍,说明活动的目的和奖励。

解释参与规则,明确观众如何提交建议以及如何选择获胜者。

(2)收集观众建议:

设定一个时间窗(例如10分钟),让观众在评论区提交他们的化妆风格建议和小技巧。

鼓励观众互动,比如可以让他们为喜欢的建议点赞。

(3)展示和示范:

收集阶段结束后,主播根据观众中点赞数最多的几种化妆风格建议进行选择。

主播现场选择其中一到两个风格,并开始实时化妆示范,同时解释所使用的技术和产品。

(4)观众互动加深:

在化妆过程中,主播可以继续与观众互动,解答他们的化妆问题,或者讨论不同的化妆产品和技巧。

可以设置一个快速问答环节,回答观众实时提出的化妆相关问题。

(5) 结束和抽奖:

化妆示范结束后,主播根据观众的互动和建议情况,随机抽取参与者,给予化妆品奖励。

宣布获奖者并说明如何领奖。

(6) 感谢并预告下一次活动:

感谢所有参与者,并简短预告下一次直播的内容和可能的活动。

在电商直播中,产品介绍文案、销售文案和互动活动是提升观众参与度和销售效率的三个关键元素。产品介绍文案旨在详细说明商品的基本信息和独特卖点,通过直观的语言让消费者快速了解产品。销售文案则更加侧重于通过策略性的语言和情感诉求,激发观众的购买欲望,如通过故事讲述、展示使用效果或满意度评价来吸引购买。互动活动通过直接参与,增强了观众的沉浸感和忠诚度,同时使直播更加生动有趣。AI 在这三方面都可以提供助力,使用 AI 工具,可以让主播把精力放到其他的方面,进而提高其直播的效率。

AI 脚本制作

其实无论是做短视频还是直播，都离不开脚本的制作和生成。因为脚本制作属于文案制作的一部分，所以将其放入文案进行讲解。

脚本是直播过程中的关键一环，脚本写的好不好，对直播的流量影响是非常大的。很多人都使用过 AI，但是用 AI 写出的脚本不能用，或者不够好，这是因为，提示词的使用不正确。AI 最大的特点是可以记忆你所赋予它的角色。

因此，在撰写 AI 直播脚本的时候，我们首先要给 AI 设定一个非常关键的身份。

> 假如你现在的身份是一名拥有百万粉丝的直播平台的主播，你非常擅长写直播脚本，对于脚本制作有丰富的经验和技巧。
>
> 你在撰写脚本的过程中，注重体现个性、有趣、创新和情感共鸣等多种因素。撰写的脚本标题吸睛、内容丰富、互动性强，还能充分塑造品牌影响力。
>
> 请问你清楚你的身份了吗？如果清楚，请回复：清楚。

AI 会根据我们的提示，对这个身份进行记忆。当然，在赋予身份时，如果不清楚撰写脚本需要有什么特点，可以直接询问 AI，让 AI 给出撰写脚本的主播应该有什么特点，然后再根据 AI 生成的特点，赋予 AI 这个角色，如下。

> **问：** 撰写脚本的直播平台的主播应当有什么特点？
>
> **答：** 直播平台的主播应当具备以下几个特点：
> （1）表达能力强：主播需要具备流畅的口语表达能力，能够清晰、生动

地传达信息，同时能够灵活地应对现场的各种情况，有效地与观众互动。

（2）专业知识：根据直播内容的不同，主播需要具备一定的专业知识或者兴趣爱好。例如，游戏直播主播应熟悉游戏操作和策略，美食直播主播应了解食材和烹饪技巧。

（3）亲和力与魅力：主播应具备良好的亲和力，能够吸引并维持观众的注意力。同时，具备一定的个人魅力可以帮助主播建立忠实的粉丝群体。

（4）技术熟练：现代直播技术包括不仅限于基本的视频制作和直播软件操作，主播应该能够熟练使用这些工具，确保直播过程顺畅。

（5）应变能力：直播过程中可能会遇到各种预期外的情况，如技术故障、不当言论等，主播需要具备快速应对和处理问题的能力。

（6）持续学习与适应能力：网络文化和观众口味在不断变化，优秀的主播需要不断学习新知识，适应新趋势，以保持其直播内容的新鲜感和吸引力。

（7）责任感与职业道德：主播在直播时需要遵守法律法规，尊重观众多样性，维护网络环境的健康，避免传播不实信息或不当言论。

这些特点不仅有助于主播在竞争激烈的直播行业中脱颖而出，还能帮助他们建立长期的职业生涯。

我们可以继续完善上面给 AI 赋予的角色如下。

假如你现在的身份是一名拥有百万粉丝的直播平台的主播，你非常擅长写直播脚本，对于脚本制作有丰富的经验和技巧。

你在撰写脚本的过程中，注重体现个性、有趣、创新和情感共鸣等多种因素。你有非常强的专业知识、亲和力和应变能力，撰写的脚本标题吸睛、内容丰富、互动性强，还能充分塑造品牌影响力。

请问你清楚你的身份了吗？如果清楚，请回复：清楚。

然后将这段内容发送给 AI。等回复：清楚。

之后即可让它撰写脚本

答：

清楚。

问：

请为我撰写一个直播的脚本，主要的商品为：××手表。可以添加各个环节。

答：

当然可以！以下是一份围绕"××手表"这一主题的直播脚本，结合了各个环节来提高观众参与感和购买意愿：

直播脚本：《时间的艺术：××手表专场》

直播前准备：

布景设置：设置一个高雅的背景，模拟奢华的客厅环境，摆放一些简约而高端的装饰。

产品准备：确保所有手表模型都已经充分准备，包括不同款式和颜色。

技术检查：提前测试音视频设备，确保直播过程中不会出现技术问题。

开场白（3分钟）

主播问候："大家好，欢迎来到今天的直播间，我是你们的主播[名字]！今天我们有幸一起探索不仅仅是时间的计量工具，而是一种生活态度的象征——××手表。"

品牌简介："××手表以其精湛的工艺和非凡的设计在全球享有盛誉，今天我们将带你深入了解这些令人赞叹的艺术品。"

产品展示环节（15分钟）

款式介绍：逐一展示手表的不同款式，强调其独特的设计理念和制表工艺。

功能特色："每一款××手表都蕴含了顶尖的技术和功能，不论是防水性能还是自动计时精确度，都代表了品牌的高标准。"

佩戴展示：邀请模特佩戴不同手表，展示佩戴效果，并通过不同的着装风格来匹配手表，展示其多场合的适应性。

互动问答环节（10 分钟）

观众提问："现在我来回答大家在评论区提出的问题。"

小游戏："猜猜看，我手上的这款手表属于哪一系列？猜对的朋友将有机会获得我们准备的小礼物！"

特别优惠发布（5 分钟）

限时折扣："在今天的直播中，所有××手表都将享有一定的折扣，数量有限，先到先得！"

赠品活动："凡是在直播期间购买××手表的朋友，都将获得我们精美的手表盒一个，让你的手表收藏更加完美。"

结束语（2 分钟）

感谢观众："感谢大家今天的参与，希望你们能找到喜欢的××手表，不仅仅是一件商品，更是一种生活的陪伴。"

预告下一场直播："别忘了关注我们的账号，下次直播我们将带来更多精彩内容，期待与你再次相遇！"

直播后工作：

数据收集：分析直播的观看数据和销售数据，了解哪些内容受到观众的欢迎。

用户反馈：通过社交媒体和直播平台收集观众的反馈，为改进下一次直播做准备。

这样的脚本设计既能突出产品的特色，也能增强观众的参与感，同时通过互动和优惠活动刺激购买欲望，帮助提升销售效果。

根据 AI 所生成的脚本大纲，继续让其针对其中每个模块进行调整和细化即可。

问：

请针对互动问答环节，进行细化，使其脚本更加丰富。

答：

当然可以！为了使互动问答环节更具吸引力和深度，我们可以细化这个部分，增加更多的观众参与机会和趣味性。以下是互动问答环节的详细脚本设计：

互动问答环节详细脚本

环节介绍（1分钟）

主播介绍："接下来我们进入今天直播的互动问答环节，这是一个大家都可以参与的环节。不仅可以问我关于××手表的任何问题，还有机会赢得精美礼品哦！"

观众提问收集（3分钟）

问题征集："现在，请大家在评论区留下你们对××手表的任何问题，无论是产品功能、款式选择还是保养问题，都欢迎提问！"

互动提醒："同时，不要忘了点赞和分享直播间链接，让更多的朋友加入我们！"

快速问答（3分钟）

问题筛选：主播挑选几个常见或有趣的问题进行回答。

实时解答："这个问题很好，关于××手表的防水功能，它可以支持到30米深的水下作业，非常适合日常佩戴甚至游泳时使用。"

小知识竞猜（3分钟）

知识点分享："让我们来玩一个小游戏，看看谁对××手表最了解。"

竞猜问题："××手表使用的是什么材质的表带？A. 真皮 B. 尼龙 C. 不锈钢。请在评论区写下你的答案！"

揭晓答案："正确答案是C. 不锈钢。恭喜猜对的朋友，我们稍后将通过私信联系你们领取奖品！"

深度问题探讨（4分钟）

专业解答："下一个问题，有观众问到××手表的机械机芯和石英机芯有什么区别？"

详细说明："机械机芯手表是利用发条驱动，需要手动或自动上链，而石英机芯则是电池驱动，精准度更高，维护更简单。对于经常出差的朋友，我更推荐石英机芯的××手表。"

问题回馈感谢（1分钟）

感谢发言："感谢大家的热情参与和精彩问答！每次的互动都让我们的直播更加丰富有趣。"

预告后续活动："请继续关注我们的直播，我们还有更多精彩内容和礼品等着你们！"

通过以上详细设计的互动问答环节，可以有效地提升观众的参与度和直播的互动性，同时也有助于增强品牌的形象和消费者的忠诚度。

第 6 章

AI 带你做直播间搭建

电商直播的核心要素包括主播、产品和场地，其中场地主要指的是直播间的场景布置。直播间的视觉设计和布局对于吸引和保持观众的注意力至关重要。一个优质的直播间场景能够影响观众在浏览推荐页面时的第一印象，从而决定他们是否愿意进一步观看。因此，构建一个专业且具吸引力的直播间不仅反映了直播品质，还能激发观众的好奇心和购买欲。优秀的直播间设计应考虑光线、背景、色彩搭配以及与产品相关的道具安排，这些元素共同作用，创造一个视觉上舒适且主题鲜明的观看环境。通过精心设计的直播场景，主播可以更好地展示产品特性，增强互动体验，从而有效提升观众的观看满意度和忠诚度，最终促进销售转化。

6.1 场景搭建

6.1.1 直播间场景搭建的基本内容

从抖音、快手等各种直播平台，都可以看到，直播的场景是五花八门的，除了一些店铺门店外，还有仓库、工厂甚至于田间地头等场景；直播的种类也有如幕布直播或者实景直播等场景；直播间也有真人直播、手播、数字人直播等等；按照场景的类别，直播间分为室内和室外直播。

但是无论如何变化，直播间的构成主要会有主推区、商品区和道具区三个功能区。要想搭建一个好的直播间，首先就要明白直播间的功能区都是什么意思。

（1）主推区

主推区，是指直播间内主播主要活动和展示商品的核心区域，这一区域的设计和布置对于直播的成功至关重要。它不仅是直播视觉的焦点，也是连接主播与观众的桥梁，因此其功能性与吸引力需精心策划以确保最佳的观众体验和互动效果。

▶ 视觉设计

主推区的视觉设计应清晰、专注而引人注目。这包括合理的色彩搭配、照明和背景布置，旨在突出展示的商品。色彩要能够引起观众的好感，同时不与商品本身冲突。照明则需要确保充分、均匀，既能突出商品细节，又能使主播的面部表情和动作清晰可见。

▶ 空间布局

空间布局应便于主播活动，同时也要让商品展示直观易懂。通常，主推区会设定为直播间的中心，周围不应有过多杂乱的元素，以免分散观众的注意力。合理的空间规划不仅有助于主播更自然地进行商品介绍和互动，也确保观众能从最佳角度观看产品。

▶ 技术配置

主推区的技术配置包括高质量的摄像头、音频设备和可能的虚拟技术应用。摄像头应能够灵活调整，支持多角度拍摄，以便更全面地展示商品。良好的音频设备确保主播的声音清晰，无杂音干扰，增强交流的亲切感。此外，应用如增强现实（AR）或虚拟现实（VR）技术可以使商品展示更为生动，提高观众的沉浸感。

▶ 功能性配备

除了基本的展示功能外，主推区还应考虑便捷性和多功能性。例如，可移动的展示架、多功能的展示屏和快速切换的场景装置，这些都可以在直播中迅速应对不同的展示需求，提供更灵活的演示方式。

▶ 人机交互

在主推区设计时，还应考虑到人机交互的便利性，如触控屏的使用、智能助手的集成等。这些工具可以帮助主播在直播过程中更高效地控制场景，例如快速调取产品信息、回答观众问题或调整直播流程。

（2）商品区

在直播间搭建商品区的场景时，重点是创造一个既能突出商品特性又能引导观众焦点的环境。选择与商品属性和品牌形象相匹配的背景是基础。例如，如果直播的商品是高端化妆品，那么背景可以选择柔和的色调和优雅的装饰元素，如使用带有精致花纹的布料或者设置柔美的照明，这些都能增加商品的吸引力。反之，如果是户外运动设备，使用具有自然元素的背景，如模拟山地或森林的场景，可以更好地展示产品的应用场景和耐用性。

应该使用专业的灯光设备，如聚光灯或LED灯，确保商品细节得以凸显，同时避免产生不必要的阴影或反射。照明不仅需要关注商品本身，也要考虑整个场景的光线平衡，避免背景过亮或过暗影响商品的视觉效果。

商品区的物理布局应该便于主播进行互动展示。可以设置旋转台或多级展示架，让主播能够轻松取用产品并从不同角度展示。这种布局的灵活性不仅方便主播操作，也保证了观众能从多个视角了解产品的全貌。

在这个过程中，还可以通过增加一些动态元素来提升观众的兴趣，例如设置可变色的背景灯光或使用屏幕显示产品的详细参数和使用效果。这样的动态展示可以吸引观众的注意力，增加直播的互动性和观赏性。

（3）道具区

直播间的道具区搭建是一个精细的过程，它需要将创意、实用性和视觉吸引力融为一体，以增强直播的整体观感和互动体验。首先，考虑道具区与直播的主题和内容紧密相关，确保每一个元素都能服务于直播的目标。例如，如果直播主题是健康饮食，道具区可以布置成厨房的一角，配备现代厨具、色彩鲜明的食材以及健康食品包装，这样不仅能提供实用的展示平台，还能通过视觉元素强化直播的主题。

在搭建过程中，道具的选择和布置需精心设计，以确保它们在直播中能够起到加分效果而非分散观众注意力。使用与直播内容相符合的道具，如体育用品展示中使用运动器材、球类等，这些道具不仅能辅助展示产品功能，也能激发观众的兴趣。道具的摆放位置要考虑镜头捕捉的角度，确保主播在使用它们时能够便捷，同时观众也能清晰地看到。

照明在道具区同样至关重要，应该使用适当的光源突出道具的特点，同时避免产生刺眼光线或是阴影，确保每个细节都能在相机中得以良好呈现。此外，背景的选择也需谨慎，应与道具风格协调，支持而非压过主要展示的道具。例如，在展示古董或艺术品时，选择简洁素雅的背景可以使商品更加突出。

道具区的布置还应考虑动态变化，适应不同直播段落的需要。可以预设几种布置方案，根据直播进程快速调整，以适应不同的展示内容和互动环节。通过这种灵活多变的布置，不仅能保持观众的新鲜感，还能有效支持直播的流畅进行，使直播更加生动有趣，增加观众的观看满意度和参与度。

6.1.2 场景搭建的要素

场景搭建是直播中一个非常关键的环节，它影响着观众的第一印象和整体观看体验。通过精心设计场地、背景、音乐、灯光、设备、环境和商品陈列，可以创建一个既吸引人又提升产品展示效果的直播环境。

（1）场地

直播的场地选择应根据直播的内容和目的进行优化。例如，一个时尚品牌的新品发布会可能需要在时尚感十足的现代艺术画廊中进行，而一个健身设备的展示可能更适合在宽敞明亮的健身房。场地的空间布局应能容纳所需的技术设备，同时也要能够方便主播和其他工作人员的活动。

（2）背景

背景设计应与直播的主题紧密相关，并且能够突出主要内容。简洁而专业的背景有助于减少视觉干扰，使观众注意力集中在主播和产品上。对于更具创意和互动性的直播，背景可以更加丰富多彩，以适应特定的展示需求。

（3）音乐

背景音乐的选择对于设置直播的整体氛围非常关键。选择恰当的音乐可以增强直播的情感吸引力，让观众感受到更丰富的情感体验。音乐的音量、风格和节奏应与直播的内容和节奏相匹配，避免音乐与主播的声音发生冲突。

（4）灯光

正确的灯光设置不仅能够确保画面质量，还能增强直播的视觉效果。使用专业的照明设备来调整光线的强度和方向，可以突出产品的细节和特点，同时确保主播的面部表情清晰可见。灯光的颜色温度和亮度也应该根据场景的需求进行调整。

（5）设备

高质量的摄影和音频设备是保证直播质量的基础。选择适合的摄像头、麦克风和其他录制设备，可以确保直播过程中视频和音频的清晰度。此外，确保所有设备都经过充分测试，以避免直播中出现技术问题。

（6）环境

直播的环境包括了场地的温度、湿度以及整体的舒适度。一个舒适的环境可以使主播保持最佳状态，同时也影响观众的观看体验。例如，在一个闷热或寒冷的环境中直播，可能会影响主播的表现和观众的注意力。

（7）商品陈列

商品的展示方式应该既能吸引观众的注意，又能清楚地传达产品信息。使用创意的展示技术和布局，例如旋转展台或分层展示架，可以帮助突出商品的特性。确保商品的陈列与直播的视角和摄像头的位置相协调，以便于主播在直播中易于介绍和展示商品。

通过综合考虑以上各个方面，可以极大地提升直播的专业水平和观众的观看体验，从而有效地提高观众参与度和购买转化率。

6.2 AI 辅助场景之背景搭建

对于直播间场景搭建中的背景搭建，可以借助 AI 来帮忙。我们知道无论是主推区、商品区还是道具区，对于背景的搭建是十分重要的。背景的搭建首先需要和主题相关，另外还应当简洁，不要喧宾夺主。

以具体直播间的案例来看如何使用 AI 搭建直播间背景。

首先使用文案生成工具如文心一言、通义千问等来激发灵感，通过对话询问，提供背景搭建的思路。

> **问：**
>
> 我准备设计一个直播间的背景，请帮我提供一些灵感。我主要售卖的商品为蛋糕、烘焙类商品。
>
> **答：**
>
> 为了设计一个适合销售蛋糕和烘焙商品的直播间背景，您可以考虑以下几点灵感：
>
> （1）温馨甜美风格：使用柔和的色调，如粉色、米色或淡黄色，来营造温馨、诱人的氛围。背景可以设置模仿糕点店的装饰，如带有蕾丝边桌布的展示台和复古风格的蛋糕架。
>
> （2）现代简约风格：选择简洁的白色或浅木色背景，搭配极简风格的家具和装饰，突出展示的蛋糕的颜色和细节。可以在墙上设置一些简单的线条装饰或悬挂一些简约艺术作品。
>
> （3）自然风情主题：利用木质元素和绿植来创建一种自然舒适的感觉。可以在直播间放置一些室内植物，如小型盆栽或挂壁植物，以及木制烘焙工具和托盘。
>
> （4）复古市集风格：模拟旧时市集的风格，使用木制货架、铁艺挂钩，以及复古的磁贴或广告牌作为装饰。这种风格的背景会给人一种亲切和怀旧

的感觉。

（5）节日主题：根据不同的节日和季节更换背景装饰，如圣诞节可以添加圣诞树和节日彩灯，情人节可以使用心形装饰和玫瑰花瓣，这样的变化可以吸引顾客的兴趣。

（6）互动元素：在直播间中加入可以互动的元素，比如一个小黑板或白板，写上菜单或当天的特色烘焙商品，增加直播的参与感。

这些背景设计不仅能吸引观众的注意，还能增加他们对产品的兴趣，从而提高销售效果。希望这些建议能为您的直播间设计带来启发！

结合上面所提示出的设计思路，摘取其中适用性的内容，总结出一段生成背景图片的提示词。

问：

请结合你所总结出的内容，帮我撰写出符合特色的背景搭建的图片提示词。

答：

当然可以！以下是为您设计的蛋糕和烘焙商品直播间背景的详细图片提示词，以帮助您或设计师具体实现视觉效果：

（1）温馨甜美风格：

描述：一个温馨的直播间背景，主色调为粉色和米色，搭配复古风格的蛋糕架和带蕾丝边的桌布。背景中心摆放一个装饰精美的蛋糕，周围点缀以小型甜点和花朵装饰，营造出一个像家一样温馨的氛围。

（2）现代简约风格：

描述：简洁的直播间背景，以白色或浅木色为主，墙面简单干净，配以极简风格的装饰。展示台上摆放着几款精致的烘焙商品，强调色彩对比和商品的精细细节，适合于强调产品质感和现代感。

（3）自然风情主题：

描述：直播间背景利用自然木质元素和室内绿植来装饰，包括几种小型盆栽和挂壁植物。背景中央是一个用实木制成的展示台，展示台上摆放着新鲜出炉的蛋糕和烘焙小吃，整个场景自然而舒适。

（4）复古市集风格：

描述：模拟复古市集的直播间背景，使用旧木质货架和铁艺挂钩，墙上挂有复古磁贴和手绘广告牌。展示区域充满各式烘焙商品，如手工饼干和自制蛋糕，背景营造一种怀旧市场的氛围。

（5）节日主题：

描述：根据节日不同变化的直播间背景，如圣诞主题背景中加入装饰有彩灯的小型圣诞树，以及红绿色的节日元素。情人节则可添加粉红色心形装饰和浪漫的玫瑰花瓣，使直播间随着节日氛围变化而变化。

（6）互动元素：

描述：在直播间一角设有一个小黑板，上面用粉笔写着当日的特色烘焙商品和价格，旁边可以设一个互动区，观众可以通过直播评论选择他们想看的烘焙演示。

这些提示词可以为您或您的设计团队提供具体的视觉参考，帮助您打造出既美观又功能性强的直播间背景。

接下来，可以使用如文心一格、通义万相等图片生成工具，借助上面的提示词，生成相应的图片。

以"通义万相"为例，将上面的提示词"一个温馨的直播间背景，主色调为粉色和米色，搭配复古风格的蛋糕架和带蕾丝边的桌布。背景中心摆放一个装饰精美的蛋糕，周围点缀以小型甜点和花朵装饰，营造出一个像家一样温馨的氛围。"填入通义万相的文生图界面。如图 6-1 所示。

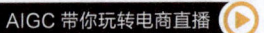

图 6-1 通义万相生成温馨甜美风格背景图 -1

选定"创意模版",选好直播间所需要的背景图的比例,点击"生成画作"即可生成如图 6-2 所示的背景图片。

图 6-2 通义万相生成温馨甜美风格背景图 -2

AI生成的画作并不一定能非常完美，如果对于生成的画作不满意，点击右上角的"再次生成"直到我们满意为止。

点击其中满意的图片，然后在图片上点击方框中图标，下载即可下载高清原图，如果需要对图片进行处理如高清放大、局部重绘或者生成相似图等，均可以选择右下角方框中的选项进行操作，如图6-3所示。

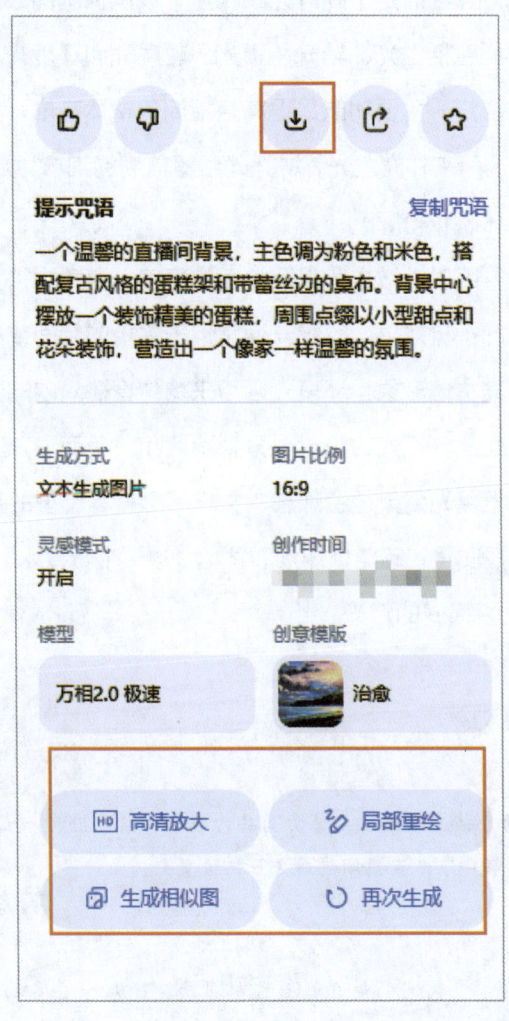

图6-3 单张背景图的修改

将最终选定的图片保存打印后，放到直播间即可使用。

6.3 AI 辅助场景之灯光设置

所谓隔行如隔山，对于直播间的灯光设置，主播自然不会非常专业，那么是否可以借助 AI 工具，了解直播间对于产品的灯光设置呢，答案是肯定的。

在直播间布光时，要清楚不同灯光的作用，以确保画面效果和主播形象的优化。常见的灯光类型包括主光、辅光、顶光、轮廓光和环境光。主光，也称为主光源，通常使用球形灯，主要功能是提高直播间的整体亮度，并清晰照亮主播的面部与身体。辅光则用来补充主光，增强光线覆盖到的细节，如眼睛和脸部侧面，帮助塑造主播的立体感和轮廓。

顶光主要从上方照射，增加背景及地面的亮度，避免主播头顶显得平坦无质感，还能起到瘦脸的视觉效果。轮廓光通常置于主播的侧面或后方，用于勾勒出主播的外形，突出其主体形象。环境光则用来均匀直播间内的光线，营造与主播形象相符的氛围。此外，灯光的色温也分为冷色和暖色两种，冷色光适用于医美和美妆类直播，而暖色光则更适合珠宝、文玩和零食等类型的直播。正确的灯光搭配不仅能提升直播质量，还能增加观看体验。以"带货香水"为例，我们演示，如何借助 AI 来设置直播间的灯光。

> **问：**
>
> 我要开一场直播，直播主要售卖商品为香水。请你扮演一位直播间专业的灯光师，为我讲解一下，直播间的灯光如何设置，什么时候应该怎么调整？
>
> **答：**
>
> 为了确保香水直播间的灯光设置能够最大化地展示香水的魅力和特点，我们可以细致规划每种灯光的布置和调整时机。以下是具体的灯光设置和操作指南：

(1) 主光设置：

作用：主光应聚焦于香水瓶和主播，确保主要展示的商品和讲解者都得到充分的照明。

灯具选择：选择一个软光盒或者环形灯作为主光源，可以减少阴影，使香水瓶的玻璃质感更加闪耀并且呈现出光滑的反光效果。

位置：灯光应从稍微偏上的正前方照射，以突出香水瓶的形状和色泽。

(2) 辅光配置：

作用：辅助主光，消除额外的阴影，增强香水瓶的立体感和层次。

灯具选择：使用较为柔和的灯光，例如 LED 面板灯。

位置：可以放置在主光的对侧，略低于香水瓶的高度，以补充照明并增加细节的可见度。

(3) 顶光和轮廓光：

顶光：

作用：从顶部提供光线，增加香水直播间的整体亮度，使背景更为明亮和生动。

位置：直接从头顶位置向下照射。

轮廓光：

作用：从后方或侧面提供背光，帮助突出香水瓶的轮廓和透明质感。

位置：轮廓光应从背后偏上方投射，使香水瓶的轮廓更为鲜明。

(4) 环境光设置：

作用：提供均匀的背景光，帮助创造一个与高端香水品牌相符的优雅氛围。

灯具选择：使用调光能力较强的灯具，如可调色温的 LED 灯。

调整：根据直播的时间和氛围需要，可以适当调整色温和亮度，比如使用较暖的色温增添温馨感。

调整时机：

在香水直播中，灯光调整对于展示商品的美感和吸引观众的注意非常关键。以下是详细的灯光调整方案，涵盖了直播中可能遇到的不同情况：

(1) 商品详细展示时的调整

主光：增加主光的亮度，确保香水瓶清晰可见，特别是其标签和瓶身的细节。如果使用环形灯，确保香水瓶置于环形灯的中心，以获得均匀的照明效果。

　　辅光：适当调低辅光，以防止反光过强，影响香水瓶的视觉效果。辅光应保持柔和，强度适中，以填补主光留下的阴影。

　　轮廓光：轻微增强轮廓光，使香水瓶轮廓更加分明，特别是透明玻璃瓶边缘的反光。

　　（2）主播与观众互动时的调整

　　主光和辅光：将主光和辅光调整为更柔和，避免过强的光线使主播面部表情看起来过于刚硬。保持足够的亮度，使主播的面部表情和肤色自然。

　　环境光：增加环境光的亮度和暖色调，营造温馨和舒适的氛围，有助于增进观众的观看体验，使互动更加自然和放松。

　　（3）突出香水特性的照明调整

　　主光：当谈到香水的特定特性如"清新"或"浓郁"时，可以调整主光的色温。例如，提到"清新"香味时，使用略带冷色调的光源；提到"浓郁"时，则切换为暖色调。

　　辅光：根据需要调整辅光的角度和亮度，以改善瓶身的高光和阴影，突出香水的质感。

　　（4）结束语或特殊活动宣传时的灯光设置

　　所有灯光：在直播结束或进行特殊活动宣传时，可以适当增亮所有灯光，确保直播间整体亮丽，吸引观众的注意力。增加环境光的色彩变化或动态效果，如使用跳变色彩的LED灯，增添直播的活力和吸引力。

　　结合AI所给出的提示，可以更好地设置直播间的灯光场景，合理的灯光设置能显著提升直播的专业度和产品的吸引力。通过精心调整各类灯光，不仅能够更好地展示香水的独特魅力，还能创造一个购物体验优越的直播环境。

6.4 直播间场景优化

每个主播或者电商平台在开直播之前,都会去同行的直播间看直播,尤其是那些进入推荐榜位的直播间,其中肯定会有值得借鉴的地方。

那么在了解了其他直播间的具体情况之后,就要对自己的直播间进行场景优化和创新。

其优化和创新的过程大致有以下几点。

6.4.1 视觉冲击力和情绪冲击力的作用

直播间中视觉冲击力和情绪冲击力是吸引和维持观众注意力的两个关键因素。视觉冲击力决定场景的点击率,而情绪冲击力则决定场景的留停率。

视觉冲击力主要通过引人注目的视觉元素实现,例如鲜明的色彩、动态的图像,以及直观的布局设计。这种视觉上的吸引不仅仅是为了让直播看起来更加美观,更重要的是通过视觉效果传递信息,引发观众的好奇心和兴趣。例如,在时尚品直播中,明亮而富有层次的光线可以突出商品的细节和质感,使商品更加引人注目。在游戏直播中,快节奏和高对比度的视觉效果能够激发观众的紧张感和兴奋感。视觉冲击力的有效运用,可以瞬间抓住观众的目光,使他们在众多内容中选择并继续关注直播。

而情绪冲击力则是通过直播内容触动观众情感的能力,它可以是喜悦、激励,或者共鸣等情感的激发。直播主播的语言风格、表情、音乐以及互动方式都能对观众情绪产生影响。例如,一个温暖的故事、感人的分享或者及时的互动回应,都可以让观众情感上与直播产生连接,从而增强他们的参与感和忠诚度。情绪冲击力使直播内容具有感染力,能够深深地影响观众的心理状态,驱动他们做出积极的反应。

我们假设一个场景,售卖水果的直播间,如果就摆上了一排又一排的水果;售卖鸡蛋的直播间,摆上一筐又一筐的鸡蛋,可想而知是毫无视觉冲击力可言的。但是如果在售卖水果的直播间,有一位主播一会儿切苹果,一会儿切西瓜,一会儿榨果汁;售卖鸡蛋的直播间的主播一会儿炒、一会儿蒸、一会儿从鸡窝掏鸡蛋,这样可以调动观众好奇的情绪,调动其下单的冲动。那么这种方案的联想,同样可以使用 AI 来进行策划如下,我们依然使用角色扮演来让 AI 提供支持。

问:

假设你是一位千万网红主播,你在直播售卖水果方面非常有经验,请你依靠你的想法,营造一个售卖西瓜的场景。

答:

作为一位经验丰富的网红主播,在直播售卖西瓜时,我会打造一个既视觉吸引又情感共鸣的场景,确保观众不仅被吸引进来,而且能感受到购买的冲动。以下是我如何营造这样一个直播售卖西瓜的场景:

(1)设定场景

我会选择一个充满夏天氛围的户外环境,比如在一个西瓜地里或者有夏日装饰的室内场所。背景中可以放置一些西瓜相关的元素,如西瓜切片、夏日饮料和清凉的装饰品,比如夏威夷草裙或沙滩椅,营造出轻松愉快的购物氛围。

(2)视觉吸引

为了提升视觉冲击力,我会在摄像机前摆放各种大小和形状的西瓜,同时用一些切开的西瓜展示其新鲜多汁的内部。利用高质量的摄像设备捕捉西瓜的光泽和纹理,确保每一个细节都清晰可见。此外,穿着与夏日主题相符的服装,例如明亮的 T 恤和草帽,增加直播的趣味性和吸引力。

(3)情感连接

在直播中,我会分享一些关于西瓜的趣味知识和个人经历,比如西瓜的健康益处、选择和储存西瓜的小技巧,甚至讲述一些关于夏天和西瓜相关的美好

> 回忆，如家庭聚会或童年时光。通过这种方式，我不仅传递信息，还能激发观众的情感共鸣，让他们感受到西瓜与夏日的美好关联。

6.4.2 要贴近人设和生产流程

在直播平台上，营造一个贴近主播人设和生产流程的场景非常重要，因为这不仅能增强观众的观看体验，还能提升品牌的可信度和吸引力。让我们详细探讨这个概念。

主播的人设是他或她在观众心中塑造的角色和形象。如果主播的人设是健康生活的倡导者，那么他们的直播场景就应该包含健康相关的元素，如健身器材、健康食品等。这样的场景设置有助于强化主播的形象，使观众对直播内容的可信度和相关性有更深的认同感。观众更可能信任和购买推荐的产品。

生产流程的透明展示也是直播成功的关键。在手工艺品的直播销售中，主播可以将工作室或制作过程作为直播的背景。通过向观众展示从原材料到成品的每个步骤，不仅增加了内容的教育价值和娱乐性，还能提升产品的价值感和独特性。观众通过直播看到产品的制作过程，能够更好地理解产品的价值，从而更愿意进行购买。

6.4.3 新账号的突破需要另辟蹊径

所谓另辟蹊径,也就是要创新,场景搭建的创新要立足于商品的销售。可以通过 AI 辅助其进行创新,比如要进行一场关于"农产品"的直播,我们可以直接和 AI 工具对话,问问它能提供什么好的想法,新的创意等,实操提示词如下。

> **问:**
>
> 假设你是一位主播,现在进行"农产品"推广的直播,请你告诉我你有什么新的创意来进行直播间的场景搭建。
>
> **答:**
>
> 作为一位主播,进行"农产品"推广的直播时,我会采用一些创新的场景搭建方法来吸引观众,并使产品显得更加诱人和可信。以下是我会考虑实施的一些创意方案:
>
> (1)田园实景直播
>
> 我会选择在农场或果园中进行实景直播,让观众能直接看到作物的生长环境。这种"田间到餐桌"的直播方式可以极大地增加观众的信任感,因为他们可以直接看到产品的来源和质量。例如,我可以在果园中介绍水果的种植、采摘过程,甚至可以现场尝试果实,直观地展示产品的新鲜度和天然味道。
>
> (2)农事体验互动
>
> 在直播中,我会邀请农场主或专家加入,共同参与种植或收获活动,同时向观众讲解各种农事知识。这样的互动不仅增加了直播的教育性和娱乐性,还能让观众更加深入地了解农产品的生产过程,增强他们对产品的认可和信任。

（3）主题装饰与季节元素

根据直播推广的农产品种类，我会设计与之相符合的主题装饰。例如，如果是在秋季推广苹果，我可以利用落叶、苹果、和秋季装饰品如南瓜来布置直播间，营造温馨的秋日氛围。这种季节性的装饰能够激发观众的季节感受，从而增加购买欲望。

（4）食谱演示与烹饪展示

在直播中，我还会进行一些简单的食谱演示，展示如何将这些农产品转变为美味的菜肴。这不仅可以提升产品的吸引力，还可以教育观众如何利用这些农产品制作健康美味的食物。通过实时烹饪，观众可以直观地看到食材的使用过程，激发他们购买和尝试的欲望。

通过这些创新的直播场景搭建方法，我可以更有效地推广农产品，同时增加直播的观看率和观众的参与度。

上面 AI 所提供的场景，我们要经过自己的评估，如果认为是有价值的，可以继续向 AI 发问，让其提供具体的细节，然后根据细节进行场景的构建，最终体现到直播场景中。

第 7 章

AI 帮你做直播图片

直播与电商领域对高质量图片的需求非常迫切。第 7 章将引领你领略 AI 在直播图片设计领域的强大功能,它不仅能够为产品图片赋予专业级设计感,还能创造出令人瞩目的品牌活动促销海报和商品促销方案图片。我们还将深入探讨商品包装的设计艺术,让你的产品在众多竞争者中独树一帜。无须烦琐的手动设计,AI 将以其高效与创意,为直播与电商业务增添无限光彩。

7.1 设计产品图片

在直播时,需要展示商品,也就是要拍摄商品的摄影图,通常需要考虑如何让摄影图更能吸引人们的注意力,激发人们的购买欲望。但是等到实际拍摄的时候,经常会面临缺乏灵感的窘境,也就是不知道到底应该怎么去拍摄,这个时候,其实可以使用 AI 工具来生成一些摄影的参考图,来帮助获取灵感。

如使用文心一格、通义万相所生成的一些化妆品、衣服、鞋包配饰等图片如图 7-1、图 7-2 所示。

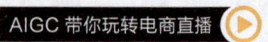

图 7-1 通义万相生成的商品广告图 -1

图 7-2 通义万相生成的商品广告图 -2

看上面所使用的背景，甚至可以将直播带货的产品使用诸如 Photshop 等第三方软件，直接替换上去即可。

下面将演示使用 AI 如何生成符合要求的商品广告图。我们使用文心一格来进行生图，以展示"香水瓶"的产品图片为例。

打开文心一格，依次选择"AI 创作"中的"商品图"选项，如图 7-3 所示。

图 7-3 文心一格生成香水广告图的页面

在上方"图片上传"的位置中,上传香水瓶的图片,以模板库中的"香水瓶"为例,点击"香水瓶"的图片,之后用鼠标选中香水瓶的全部轮廓,如图 7-4 所示。

图 7-4 选中香水瓶的轮廓图

选中的部分会显示淡蓝色，确保选中香水瓶的全部轮廓后，点击下方的"确定"即可跳转到图 7-5 的页面中。

图 7-5 香水瓶轮廓抠图

确保商品图完整无误后，在左侧区域中，依次选择图片比例：横图，数量 4，场景中可以选择推荐场景，也可以选择自定义生成场景，在自定义生成场景中，我们可以单击下方的试一试，其中会推荐各种场景。如点击试一试中的大理石地面，会在上方直接出现"放在大理石地板上，极简主义，优雅"的润色后的提示词，如图 7-6 所示，点击下方的"立即生成"。

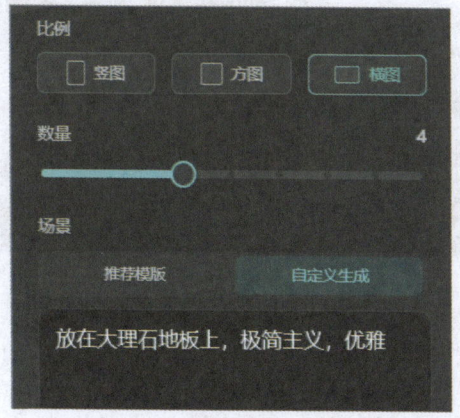

图 7-6 香水瓶生成场景选择

等待片刻,即会出现四幅按照要求,将香水瓶放到大理石地板上的图片,如图 7-7 所示。

图 7-7 香水瓶放到地板上的图片

在其中单张图片中,还可以进行修改,在图片下方,将鼠标移至"编辑本图片"处,即可出现如图 7-8 所示的操作页面。

图 7-8 对图片的编辑页面

可以选择图片扩展、图片变高清、涂抹消除、智能抠图、涂抹编辑或者图片叠加等操作,在此不做赘述。可以结合日常使用选择适合的功能即可。

7.2 高颜值促销海报

高颜值的促销海报在电商直播中扮演着至关重要的角色，不仅是吸引观众眼球的敲门砖，更是提升直播转化率、增强品牌影响力的关键所在。一张设计美观、内容简洁明了且富有视觉冲击力的促销海报，能够迅速在众多直播预告中脱颖而出，吸引大量潜在消费者的关注，进而引导他们点击进入直播间，提升直播的曝光度和参与度。例如，某时尚品牌在直播前发布了一张以"潮流新宠"为主题的高颜值促销海报，其设计巧妙融合了品牌特色与当下流行趋势，色彩鲜明、构图精致，内容简洁却富有信息量，不仅成功吸引了大量粉丝的注意，更在直播期间带动了大量销售，显著提升了品牌知名度与市场占有率。高颜值促销海报的个性化需求同样不容忽视，通过定制主题、个性化推荐等策略，能够更好地满足消费者的差异化需求，增强品牌与消费者之间的情感连接，从而在竞争激烈的电商直播市场中脱颖而出，实现更高效的品牌传播与销售转化。

下面将演示使用 AI 制作高颜值促销海报的方法，由于篇幅限制，以制作节日海报为例。

电商平台抓住节日来制作促销海报是非常有用的。节日氛围浓厚，能够激发消费者的购买欲望，而一张设计精美、主题鲜明的节日促销海报，则能进一步点燃这份热情。通过巧妙融入节日元素与品牌特色，海报不仅能吸引大量关注，还能有效提升品牌形象，促进销售增长，让电商平台在节日促销大战中抢占先机，赢得消费者的青睐。

以制作儿童主题为例，制作一份海报。

使用文心一格，依次选择 AI 创作、海报，如图 7-9 所示，即可来到海报生成页面。

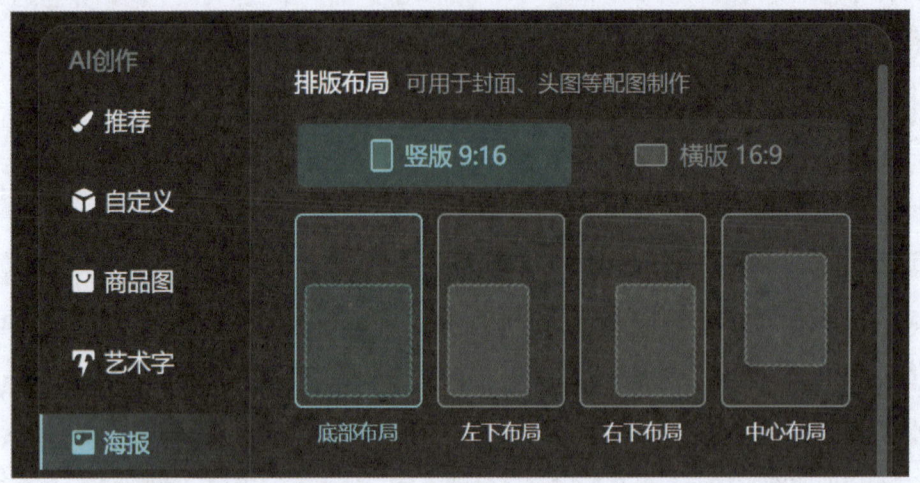

图 7-9 文心一格海报制作页面 -1

首先根据实际场景,选择海报的排版布局,此处以竖版 16:9 为例,选择海报风格,现阶段只有"平面插画"风格可以选择,在下方的"海报主题"中输入"儿童在玩玩具",下方海报背景中尝试"试一试"选择"糖果城堡",自动生成提示词为"梦幻绚丽的糖果城堡"。如图 7-10 所示。

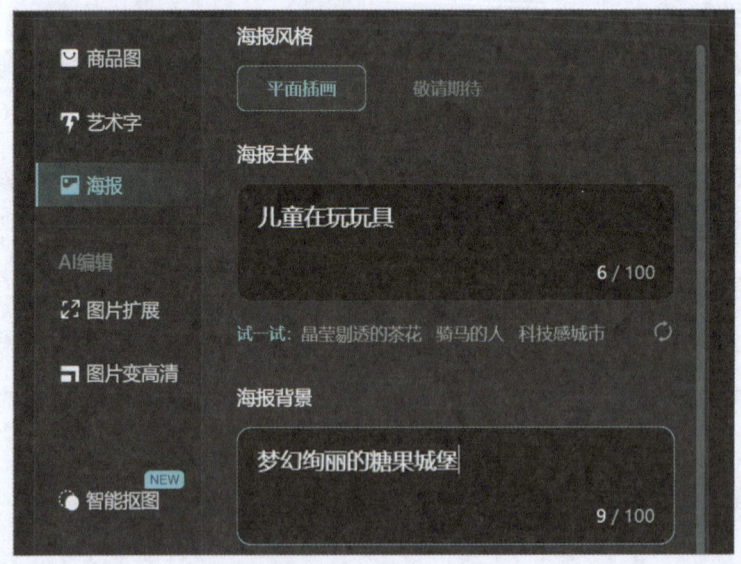

图 7-10 文心一格海报制作页面 -2

之后,选择数量,点击"立即生成"等待片刻即可出现如图 7-11 的海报图片。

图 7-11 文心一格生成的儿童主题海报

如图7-11，由于是AI生成的图片，AI对于我们的指令并不是完全都能理解的，所以可能会出现如左上角图片中并没有儿童的图片，如果图片不符合要求，再次生成，直到有符合要求的图片即可。同样，对于单张图片也可以进行局部修改等操作。

如表7-1所示，归纳出一些常用的海报生成的提示词。

表 7-1 海报生成提示词

类型	提示词
元宵节	红色灯笼，特写，柔光，虚化，夜晚，暗背景
劳动节	亚洲的劳动人民，夏日，稻田，平面插画，手绘，自然，广角
中秋节	团圆，水彩画，满月，广角，暖色调
圣诞节	圣诞老人，圣诞树，特写
秋天	秋天，落叶，广角，柔光
音乐	吉他，重金属，8K

7.3 商品促销方案图片

设计商品的促销方案，是在电商直播过程中非常重要的一项工作，它的作用主要是将促销的信息或者需要通知消费者的信息进行展示，从而带动商品的销售。

一个好的促销方案，可以吸引直播间的消费者的目光，让消费者知道在这次直播中，这个店铺在做什么活动。

7.3.1 促销方案的设计技巧

对于促销方案，可以直接使用 AI 工具生成，方法仍然是角色扮演，在此仅做展示。以促销化妆品为例。

问：

请你扮演一位有着百万粉丝的主播，为自己直播间中的家具，制定一个促销方案。

答：

家具促销方案——百万粉丝主播专属

（1）促销背景与目标

亲爱的粉丝们，感谢你们一直以来的陪伴和支持！为了让大家的家居生活更加美好，我特地为大家准备了一场家具大促，旨在为大家带来高品质、高性价比的家具产品，同时享受前所未有的优惠！

（2）促销时间与平台

促销时间：

预热期：8月1日至8月5日
正式促销期：8月6日至8月12日
后期回馈期：8月13日至8月15日

促销平台：

我的直播间（主要）
微博、抖音、小红书等社交媒体
短视频平台（如抖音、快手）

（3）促销内容

限时折扣

每天一款"主播推荐款"家具，享受直播间专属5折优惠！
任意购买两件家具，立享9折；三件及以上，立享8.5折！

满减与赠品

满额赠礼：消费满3000元，赠送精美家居装饰一套；满5000元，赠送高端靠垫或地毯一张。

积分回馈：每消费1元，即可累积1积分，积分可用于下次购物抵扣现金或兑换精美家居小物。

抽奖活动

每日直播结束时，从下单的粉丝中抽取5名幸运观众，赠送价值500元的家居代金券。

促销期结束后，从所有参与活动的粉丝中抽取1名大奖得主，赠送价值5000元的全屋定制家具一套！

社交媒体互动

邀请粉丝在社交媒体上分享购买家具后的家居改造照片或视频，并@我的账号，有机会获得神秘家居小礼品。

发起"#家居美学大赛#"，邀请粉丝晒出自己的家居布置，点赞最多的前10名可获得精美家居装饰一份。

（4）吸引与留住观众的策略

直播内容创新：在直播中增加家居搭配技巧分享、家具保养知识讲解等环节，提升直播的实用性和趣味性。

粉丝专属福利：建立粉丝群，定期发布促销信息、新品预告和粉丝专属优惠，增强粉丝的归属感和忠诚度。

售后保障：提供无忧退换货服务，确保消费者购物无忧。同时，提供家具安装指导和售后服务，提升消费者满意度。

（5）推广计划

社交媒体预热：在预热期间，通过微博、抖音、小红书等平台发布促销预告、家居搭配小贴士等内容，吸引粉丝关注。

短视频营销：制作精美的短视频广告，展示家具的品质和特色，以及促销活动的亮点，通过短视频平台进行投放。

合作推广：与其他家居博主或主播进行合作，通过互推、互访等方式扩大宣传范围。

直播预告与提醒：通过直播间、社交媒体和短信等方式向粉丝发送直播预告和提醒，确保粉丝不会错过促销活动。

（6）成本效益分析

折扣与赠品成本：合理设定折扣力度和赠品数量，确保成本控制在预算范围内。同时，通过与品牌方合作，争取更多的资源支持。

抽奖与互动成本：抽奖活动所需奖品可通过与品牌方合作或库存调配获得，降低采购成本。社交媒体互动活动所需赠品可通过积分兑换或库存调配解决。

推广成本：社交媒体和短视频平台的广告投放费用需根据预算进行合理分配，确保投入产出比最大化。

亲爱的粉丝们，让我们在这个促销季一起打造美好的家居生活吧！期待在直播间与大家相遇，一起分享家居的喜悦和美好！

7.3.2 促销方案的图片制作

针对促销方案中所提及的商品，制作其促销方案图片，分为以下几部分，以上面方案中的家具产品为例。

（1）获取该商品的外观描述

使用 AI 工具来获取其外观描述。

> **问：**
>
> 请用 200 字左右的文字来描述××床的特点。
>
> **答：**
>
> ××床以其优雅的设计与卓越的舒适性脱颖而出。它采用高品质实木框架，稳固耐用，承托力强，展现出自然与简约的美感。床垫选用高密度记忆海绵，完美贴合身体曲线，带来极致的睡眠体验。床头采用人体工学设计，线条流畅，软硬适中，为您的倚靠提供恰到好处的支撑。此外，××床还具备出色的储物功能，床下设有宽敞的抽屉，方便收纳杂物，让卧室更加整洁有序。无论是现代简约还是北欧风格，××床都能轻松融入，为您的卧室增添一抹温馨与舒适。

（2）提取其中商品的关键词

通过上面的总结内容，可以继续使用 AI 工具，让其提取重点的提示词。

> **问：**
>
> 请根据上面描述的××床的特点，提取其中的关键信息，我需要提取重点

词语，而不是句子。

答：

优雅设计

卓越舒适性

高品质实木框架

稳固耐用

高密度记忆海绵

完美贴合

人体工学设计

储物功能

宽敞抽屉

温馨舒适

（3）使用上面提示词生图

可以将上面的提示词，代入相关的 AI 生图软件，如文心一格、通义万相等，即可生成相应图片，以文心一格为例。

我们优化后的提示词如下："床，优雅，舒适性强，实木框架，人体工学，储物，温馨。"如图 7-12 所示，将其代入文心一格中的生图页面。

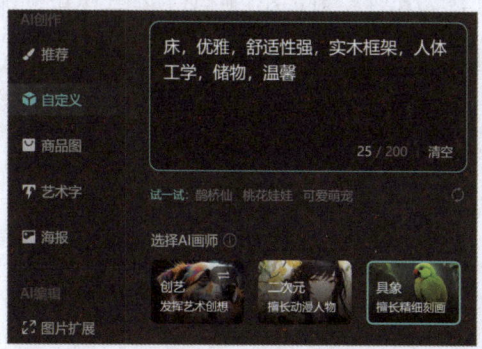

图 7-12 文心一格生成床的页面

依次选择"AI 创作""自定义",在提示词页面输入上方的提示词,选择"具象"的 AI 画师,选定尺寸和数量,点击立即生图即可。

等待片刻,即出现如图 7-13 的床的图片。

图 7-13 文心一格生成的商品床

可以看到上面对于床的图片,并没有展现出完整的床的图片,所以可以在提示词中,添加"展示床为主体"等提示词,这样所生成的商品床的图,就会有整体的床的图片了。如图 7-14 所示。

图 7-14 修改后文心一格生成的商品床

如果对其中的背景不满意，我们还可以使用提示词生成相应的背景，将商品床的图抠出来，放到新的背景中，具体如 7.1 中的操作所示。

得到最终的图片之后，可以将其中的促销方案，使用如 Photoshop 等工具，将促销文字，贴到上面的图片中，最终生成完整的商品促销方案图片。

7.4 商品包装

商品的包装设计是促进销售和塑造直播间以及店铺形象的关键性要素，一个非常亮眼的包装能抓住潜在的目标客户，让观看直播的消费者更愿意购买商品。可以根据商品的包装不同，使用AI，为商品生成一个更为特色的包装，进一步增强消费者的购买欲望。

7.4.1 商品包装的设计

对于商品的包装，各式各样，有纸盒包装，塑料包装，玻璃或金属包装等等。其中纸盒的种类繁多，从简单的方形、长方形到设计精巧的异形纸盒，应有尽有。它们不仅承载商品，还在视觉上吸引消费者。例如，那些带有提手的纸盒，方便顾客携带；而那些带有透明窗口的纸盒，则让商品一目了然，激发购买欲望。纸盒的环保性也是其受欢迎的原因之一，越来越多的纸盒采用可回收材料制作，既保护了环境，又降低了成本。

塑料瓶因其轻便、耐用、易成型的特点，成为许多液态商品的首选包装。从矿泉水到果汁饮料，从洗发水到沐浴露，塑料瓶的身影无处不在。一些高端塑料瓶还采用了PET等环保材料，既保证了质量，又减少了环境污染。塑料盒不仅用于食品包装，还广泛应用于电子产品、化妆品、文具等商品的包装。它们具有良好的密封性和防潮性，能有效保护商品免受外界环境的干扰。

璃瓶以其透明度高、造型美观、耐腐蚀等特点，成为高档酒水、酱料、化妆品等商品的理想包装。玻璃瓶的瓶身可以设计成各种形状和颜色，既展现了商品的品质，又增添了艺术美感。玻璃瓶的密封性也很好，能有效防止商品变质。

金属罐以其坚固耐用、防潮防腐蚀的特点，成为许多食品、饮料和化妆品的包装选择。特别是那些易拉罐和铁罐，不仅方便开启和携带，还能有效保护商品免受外界环境的干扰。

在直播带货的过程中，除了选择合适的商品包装的类别外，还应当满足下面的一些要求。

（1）吸引消费者

直播带货的核心在于吸引观众眼球，激发他们的购买兴趣。因此，商品包装的首要任务是具备高度的视觉吸引力。这要求包装色彩鲜明、设计新颖，能够迅速抓住观众的注意力。例如，采用亮眼的颜色搭配、独特的图案设计或富有创意的包装形状，都能在直播中脱颖而出，让观众在众多商品中一眼就注意到你的产品。包装上的视觉元素应与直播间的氛围和主题相协调，形成统一的视觉效果，增强观众的沉浸感和购买欲望。

（2）传递商品信息

商品包装不仅是商品的"外衣"，更是商品信息的载体。在直播带货中，包装上的信息应清晰、准确地传达商品的基本属性和特点，包括品牌名称、产品名称、规格型号、成分说明、生产日期、保质期等关键信息。这些信息对于消费者做出购买决策至关重要。此外，包装上还可以加入简短的产品描述或卖点提炼，帮助消费者快速了解商品的优势和特色。通过包装上的信息展示，消费者能够在直播中迅速获取所需信息，减少购买决策过程中的疑虑和不确定性。

（3）突出商品特色

每个商品都有其独特的卖点和特色，商品包装应能够凸显这些特点，使消费者在众多同类商品中一眼就能识别出你的产品。在直播带货中，包装可以通过设计元素、材质选择或功能展示等方式来突出商品特色。例如，针对健康食品，可以在包装上强调其天然成分、无添加等健康属性；对于科技产品，可以展示其创新技术、智能功能等卖点。通过包装上的特色展示，消费者能够更直观地了解商品的优势和差异化特点，从而增强购买意愿。

（4）别具一格

在直播带货的激烈竞争中，别具一格的商品包装能够给消费者留下深刻印象，增强品牌的记忆点。这要求包装在设计上具有创新性、独特性和辨识度。例如，采用独特的包装形状、材质或设计元素，或者结合品牌故事和文化内涵进行创意包装，都能让商品在众多同类产品中脱颖而出。同时，包装上的个性化元素也能够激发消费者的情感共鸣和认同感，增强他们对品牌的忠诚度和归属感。在直播带货中，别具一格的商品包装不仅能够吸引更多消费者的关注，还能提升品牌的知名度和美誉度。

7.4.2 商品包装的制作方法

以月饼盒为例，演示使用 AI 具体制作商品包装的方法。

（1）外观文案描述

首先使用对话式 AI 工具，对月饼盒的外观进行详细描述，我们可以在问题中添加我们能想到的创意。

请用 200 字左右来描述月饼盒的外观,我想上面有一轮明月。

这款月饼盒的设计充满了浓厚的节日氛围,盒面中央以精致的工艺雕琢出一轮皎洁的明月,月光如水,温柔地洒落在周围,营造出一种静谧而祥和的意境。明月周围环绕着细腻的云纹图案,仿佛夜空中的云朵轻轻飘动,增添了几分梦幻与浪漫。盒身采用优质材料制成,手感光滑细腻,色泽温润如玉,既彰显了节日的尊贵与雅致,又透露出浓厚的文化底蕴。整体设计简约而不失精致,让人一眼就能感受到浓厚的中秋佳节气息。

(2)提取相关关键词

使用 AI 工具,继续询问,获取上面描述的句子中的关键词语。

请提取上述月饼盒描述中的关键词语,不要提供句子。

关键词语:

月饼盒

节日氛围

明月

云纹图案

优质材料

手感光滑

色泽温润

尊贵雅致

文化底蕴

简约精致

有了上面的提示词，可以继续优化提示词为"月饼盒，节日氛围，明月，云纹图案，简约"。

（3）代入相关图片生成工具生图

将上面所优化后的提示词，代入文心一格或通义万相中即可，本次以通义万相做展示。首先选择通义万相中的"文字作画"，点击选择"万相 2.1 专业"按钮，如图 7-15，会弹出通义万相的生图模型选择页面。

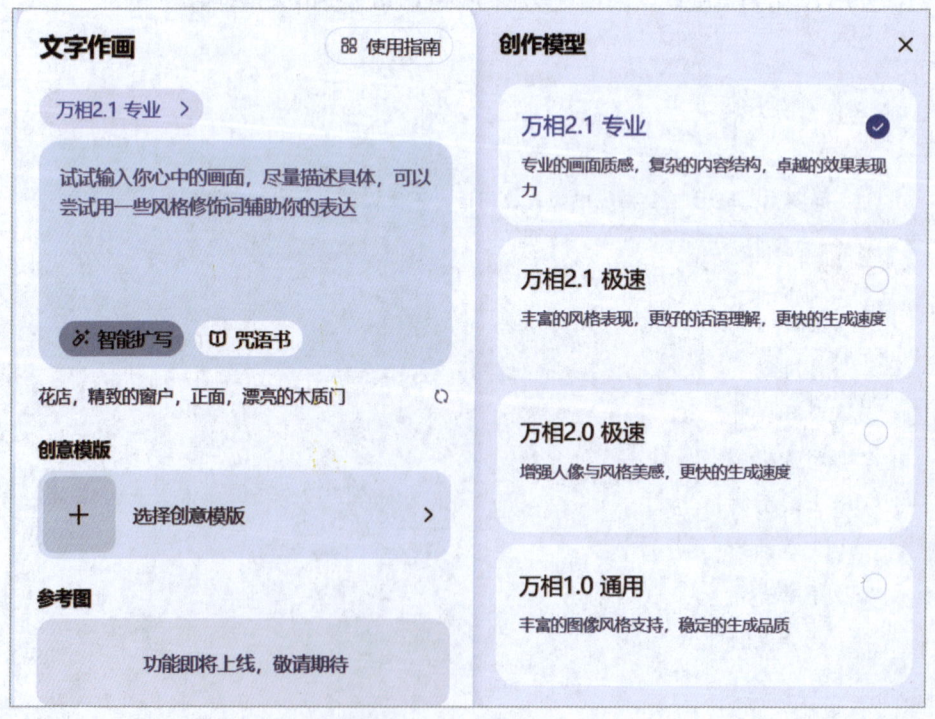

图 7-15 通义万相生图模型选择页面

选择相应的创作模型，本次使用"万相 2.1 专业"作为模型，将上面所优化后的提示词输入提示词的页面中，如图 7-16 所示。

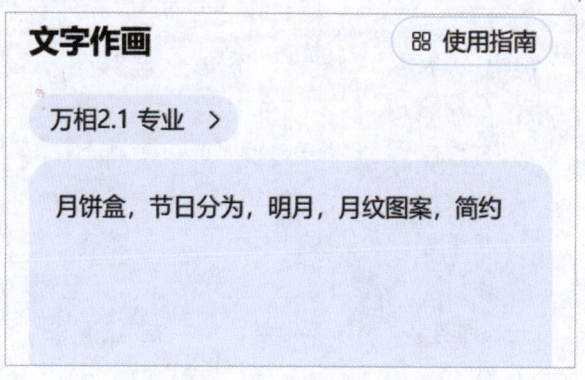

图 7-16 通义万相生图页面

通义万相和文心一格不同之处在于，通义对提示词的扩写，支持 500 个字符，可以点击下方的"智能扩写"按钮，进一步扩写提示词，如图 7-17 所示，我们选择扩写的提示词中的符合要求的词语，完善提示词。

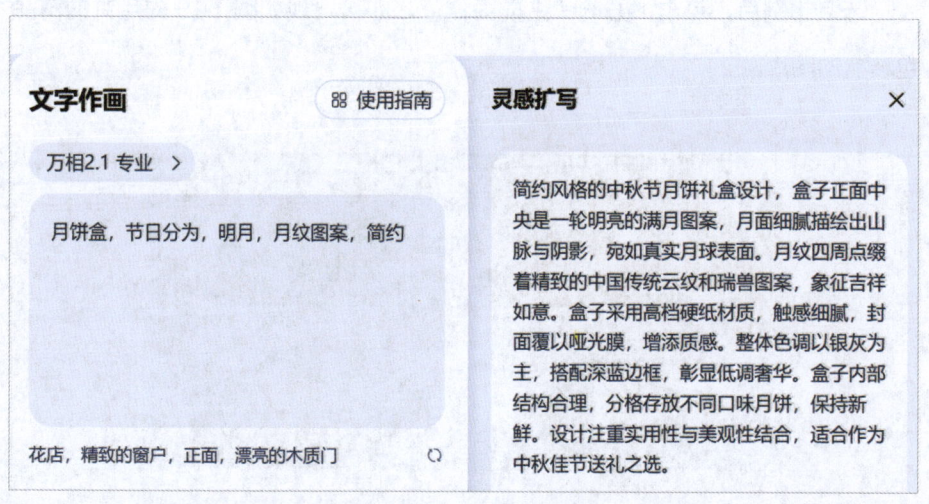

图 7-17 通义万相智能扩写

之后可以继续选择"咒语书",从风格、光线、材质、渲染、色彩、构图等方面填入相应的提示词。如图 7-18 所示,本次并未填入提示词,仅作展示。

图 7-18 通义万相咒语书

选定比例后,点击下方的"生成画作",即可出现如图 7-19 的月饼的商品包装盒的图片。

图 7-19 月饼的商品包装盒

如果对生成的图片不满意,点击再次生成即可。

第 8 章

AI 教你做直播短视频

电商时代短视频和直播已成为品牌推广和产品销售的重要手段。掌握短视频的制作技巧不仅能增强用户的互动体验,还能让品牌和产品更具吸引力。本章将结合 AI 的优势,深入探讨短视频在电商中的应用,帮助读者在激烈的市场竞争中脱颖而出。首先将从电商视频广告设计入手,分析如何利用 AI 技术优化广告的吸引力和传播力。其次通过视频脚本内容制作的技巧,学会把控每一个镜头与画面的节奏,为观众呈现出吸引眼球的内容。最后将解读种草视频的制作要点,借助 AI 帮助你打造出更具说服力的内容,让观众从"种草"到"拔草"顺利转化。本章将带领你全方位掌握 AI 助力的短视频和直播技巧,为成功的电商之路奠定坚实基础。

8.1 电商视频广告设计分析

在电商直播的视频广告设计中,掌握以下五个关键点是非常重要的,这些点将直接影响到广告的效果和观众的反应。

8.1.1 高效获取优质素材

要制作吸引人的视频广告,首先需要获取高质量的素材。这包括清晰的产品图片、具有代表性的视频片段以及相关的背景音乐和声效。高效获取这些素材意味着要有良好的资源渠道,比如与专业摄影师合作,使用高质量的摄影设备,或者购买权威图库的订阅服务。素材的选择需要紧密结合产品的特性和目标市场的偏好,确保每一张图片和每一个视频片段都能够引起目标观众的兴趣和好感。

8.1.2 有效展示推荐商品

视频广告的核心目的是推广商品,因此有效的展示商品变得至关重要。这需要设计清晰的展示逻辑,确保商品的主要特点、优势和使用场景能够被观众迅速理解。例如,可以通过模特展示穿着效果,使用动画展示产品的工作原理,或者通过对比视频显示产品的优越性。同时,视频中应包含引导性的文字或语言描述,帮助观众理解产品的独特卖点。

8.1.3 视频画面清晰且视觉美观

一个成功的视频广告不仅需要内容丰富，画面也必须清晰且美观。这涉及视频的分辨率、色彩管理以及视觉布局。使用高分辨率的摄影设备是基础，同时在后期制作中调整色彩饱和度和对比度，使得画面更加鲜明和吸引人。视觉布局方面，应确保画面元素均衡、不拥挤，每个画面都能简洁明了地传达信息，避免视觉疲劳。

8.1.4 细致优化后期制作

后期制作是提升视频广告质量的关键步骤。这一阶段包括剪辑、调色、音效处理等多个环节。精细的剪辑可以确保视频节奏流畅，信息传递有序；调色则是确保视频色彩搭配和谐，增强视觉效果；合理的音效处理可以增强视频的感染力，提升观众的观看体验。此外，添加动态图形和特效也可以使视频更加生动有趣。

8.1.5 吸引用户的开头设计

视频的开头是留住观众的关键。一个引人注目的开头可以极大地增加观众继续观看的可能性。这可以通过一个有趣的故事、一个惊喜的场景或是一个富有创意的问题来实现。开头部分应简短有力，迅速引起观众的好奇心或需求感，同时清晰地预示视频的主题和内容，让观众一眼就能看出来这段视频将为他们提供什么价值。

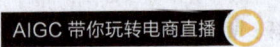

8.2 视频脚本文案与视频生成

脚本文案的制作,对于电商直播中视频脚本制作,起着重要的功能。在日常的使用中,可以借助聊天 AI 工具,生成具体的脚本文案,再借助 AI 视频生成工具或者剪映等工具快速生成 AI 的视频。

8.2.1 视频的脚本文案

通过 AI 工具可以生成创意丰富的视频脚本文案,进而创作出吸引消费者的视频内容,提高其购买欲望。

首先主播要确定所生成的短视频的主题,假设直播的目的是要带货一些衣服,那么就可以将短视频的主题确定为:时尚穿搭。

然后就可以直接和 AI 对话,让 AI 根据这个主题生成详细的脚本内容。

请根据:时尚穿搭的主题,写一个短视频的脚本,在带货衣服的直播中播放。

脚本的语气:分享人口吻、专业且轻松。

内容要符合直播平台的规则,不使用限制词语。

短视频脚本:时尚穿搭直播分享

[视频开头,镜头对准主播,背景为衣服挂件和时尚装饰]

主播:

大家好,欢迎来到我们的时尚直播间!我是小周,今天我要带给大家一系列不仅时尚前卫，而且舒适好穿的衣服。无论是日常出街还是特别场合，保证让你美美哒！

［镜头慢慢推近，展示今天的第一件单品］

主播：

首先，给大家展示的是这件超级抢眼的印花连衣裙。大家看这颜色，是不是非常显白？而且这个裙子的面料非常透气，夏天穿着刚刚好。

［切换到模特试穿效果］

主播：

我们的模特身高168cm，现在穿的是S码。这裙子的板型非常好，无论是搭配高跟鞋还是小白鞋，都能展现出不同的风格。

［镜头回到主播］

主播：

接下来这件，是我们的爆款之一——宽松的牛仔外套。在这个季节里，它不仅可以当作外套穿搭，还可以作为单品，简约而不简单。

［展示牛仔外套的细节，如纽扣和缝线］

主播：

看这个剪裁，既可以遮挡小肚腩，也能提升整体穿搭的层次感。而且，牛仔外套是永不过时的经典款，不管是现在还是五年后，穿出去都不会觉得过时哦！

［镜头切换，显示几种搭配方式］

主播：

好了，说了这么多，不知道大家有没有喜欢的款式呢？这些衣服在我们直播间都有售，点击屏幕下方的链接就可以购买了。如果有任何问题，欢迎在直播间留言，我会实时回复大家的。

［镜头最后对准主播］

主播：

感谢大家今天的观看，希望你们在我们的直播间找到喜欢的衣服，让时尚与舒适同行。我们下次直播见，再见！

［视频结束，屏幕渐黑，显示直播间购物链接和下次直播时间］

这个脚本设计的目的是在直播过程中引导观众进行互动和购买，同时保

持轻松愉快的氛围,让观众在了解产品信息的同时也能享受到观看的乐趣。

之后,可以继续使用 AI 工具生成分镜头的视频脚本文案,分镜头脚本文案用于描述短视频中每个镜头的内容和细节的文稿,其一般会包含有标题、场景描述、景别、运镜、台词或对白、道具、节奏和节拍等要素。用户在撰写分镜头脚本的文案时可以根据自己的实际情况来安排这些要素。

随后,使用 AI,赋予 AI 工具一个身份,让其根据具体的身份完成任务。具体操作如下。

问:

假设你是一位穿搭博主,正在撰写一个关于穿搭的脚本,场景是在一个非常繁华的舞台上。脚本中应当包括有当下最主流的要素,应当在开篇的 5s 之内迅速吸引眼球,中间要有一定的反转,结尾要有惊喜,文案侧重于情绪价值的表达。脚本中应当有标题、场景描述、景别、运镜、台词或对白、道具、节奏和节拍等要素。

答:

穿搭脚本:《光影下的时尚》

标题:《光影下的时尚》

场景描述:

一座繁华城市的中心,巨大的 LED 屏幕包围的舞台,灯光闪烁,观众簇拥。舞台的主题是"未来时尚",装饰着高科技元素和悬浮屏幕。

开场:

[景别]:广角镜头扫过狂欢的人群,慢慢聚焦到舞台中央。

[运镜]:快速推进至舞台,通过光束追踪一位神秘人物的入场。

[台词]:(声音旁白)"在这光彩夺目的夜晚,我们不仅展示服装,

我们展示梦想。"

中段：

[景别]：中镜头，展示模特身着前卫的服装，与未来科技装置互动。

[运镜]：从模特快速切换到观众惊艳的表情。

[反转]：中途，一位模特的衣物在走秀时突然变色，从黑白过渡到彩色。

[台词]：（模特走到前台说）"时尚是变化的艺术，今夜，我们把控制权交给了观众。"（观众通过投票改变服装颜色）

高潮：

[景别]：特写，展示衣物上细节的变化。

[运镜]：旋转镜头环绕舞台，捕捉每一处动态变化。

[台词]：（旁白）"每一次闪光，不仅仅照亮了衣服，也照亮了每一个心中的梦。"

结尾：

[景别]：广角镜头，显示整个舞台和欢呼的观众。

[惊喜]：所有的模特和观众一起启动舞台中央的巨型光影装置，形成一幅巨大的时尚图腾。

[台词]：（主持人）"感谢每一位成为这夜晚光影的一部分。记住，你是自己命运的设计师。"

[结束]：

[道具]：高科技感触摸屏、LED服装、光影装置。

[节奏和节拍]：快节奏的背景音乐与舞台灯光同步，强调每一个服装的转变和高潮部分的气氛爆发。

这个脚本设计旨在通过剧烈的视觉转换和情绪表达，体现时尚与观众之间的互动与未来科技的结合，创造一个记忆深刻的时装表演。

8.2.2 使用 AI 文案生成视频

使用 AI 文案生视频主要使用 AI 工具和剪映的结合，在电商直播中，剪影也是非常常用的工具。

（1）使用 AI 工具快速生成相关文案

在 AI 工具的聊天页面中，提供一些关于短视频的创意，以延时摄影显示时间流逝为例。直接让 AI 提供创意即可。

> **问：**
>
> 请提供一些延时摄影的创意来显示时间的流逝，提供 10 个创意即可。
>
> **答：**
>
> 延时摄影是捕捉时间流逝的绝佳方式，可以将漫长的事件压缩在短短几分钟内呈现。以下是 10 个创意的延时摄影主题，适用于不同的环境和情境：
>
> （1）四季变换：选择一个风景优美的地点，全年拍摄同一角度的景色，展示四季的变化，如树木的更替、花卉的开放与凋谢等。
>
> （2）城市建设：记录一个建筑项目从开工到竣工的全过程。这种延时摄影可以捕捉到日复一日地进展，直至建筑完工。
>
> （3）潮汐变化：在海边设定摄影机，记录一天之内潮水的涨落。通过潮汐的进退，展示海洋的动态美。
>
> （4）星轨与夜空：在晴朗的夜晚，将摄像头对准天空，拍摄星星移动形成的轨迹，或捕捉月亮的升起与降落。
>
> （5）花朵开放：选取一个或多个花蕾，记录它们开放的过程。这种延时摄影可以展示自然界中令人惊叹的细节和生命力。
>
> （6）冰雪融化：在冬末春初，记录冰雪融化的过程，展示温度变化带来的自然现象。
>
> （7）繁忙的交通：在城市中的高架桥或繁忙路段上方，记录一天中的

交通流变化，尤其是高峰与夜晚的对比。

（8）节日装饰和拆卸：在大型节日前后，记录公共场所或商场的装饰搭建和拆卸过程，展示节日气氛的构建与消散。

（9）云层流动：拍摄天空中云朵的移动，可以选择风景如画的地点或城市天际线作为背景，捕捉天气变化的壮观场面。

（10）公园或游乐场的人流：记录一天中公园或游乐场的人流高峰与空旷时段，显示人们的活动规律和休闲方式的变化。

这些创意不仅展示了时间的流逝，还带来视觉上的享受和对自然及人文环境的新见解。

从中选取一个创意，如第 7 个繁忙的交通，让 AI 继续扩写。

问：

请写一篇关于拍摄繁忙的交通的延时视频的文案，要求文字简短，逻辑清晰，通俗易懂。

答：

题目：《都市脉搏：一天的交通流》

在这段令人着迷的延时视频中，我们带您领略大都市中心的繁忙交通。从清晨的第一缕曙光，到夜幕下的灯火阑珊，城市的道路就像血管一样，不断输送着活力和节奏。观察车流如水般流动，你可以感受到城市生活的快速与繁华。这不仅是一段记录交通流动的视频，更是一幅流动的城市画卷，展示了都市生活的节奏与变迁。无论是急速穿梭的车辆，还是日落时分的宁静，每一刻都在讲述着城市的故事。

（2）使用剪映"图文成片"生成视频

打开剪映电脑版，首页上点击"图文成片"按钮，如图 8-1 所示，即可来到"图文成片"面板。

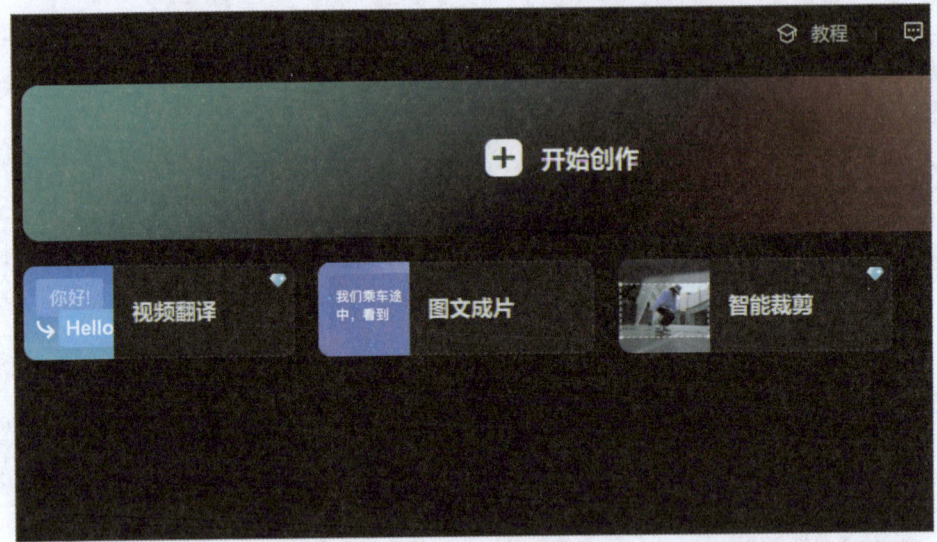

图 8-1 图文成片

然后将上面生成的文案，放入"图文成片"的面板中，如图 8-2 所示。

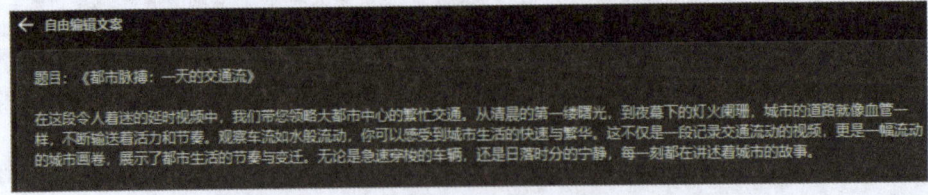

图 8-2 图文成片

点击下方的生成视频即可。可以看到生成的视频中添加了 AI 生成的文案，如图 8-3 所示。

图 8-3 剪映生成的视频

8.2.3 使用图片生成视频

有参考图片来生成视频是有多种方式的。可以使用 AI 视频工具,如可灵等,也可以使用剪映。以制作一个"口红"的宣传广告视频为例。因为本部分内容所讲为图片生视频,因此提供一个口红的展示图片,如图 8-4 所示。

图 8-4 口红的展示图片(该图片为 AI 生图工具生成)

使用 AI 工具生成一段直播广告的文案。

问:

请你作为一位电商直播的主播,为这支口红生成一段创意视频的文案。

答:

当然!这里是一段创意视频的文案,用于推广这款口红:

"每一个早晨,都是新的开始。选择如何让自己闪耀,是你的特权。"

"这不只是一支口红,这是一段旅程,带你从日出到夜晚。"

"无论是长时间的会议,还是与朋友的欢聚,一种颜色,全天候持久锁色。"

"它不只是你的美丽秘密,更是你自信的源泉。"

"选择一种颜色,点亮你的一天。现在就加入我们,一起体验这场色彩之旅。"

"这不仅仅是口红,这是你的生活方式。不要等待,现在就让自己闪耀。"

这段文案旨在通过一天中不同场合的持久展示,强调口红的高品质和多场景适用性,同时吸引观众与品牌产生情感共鸣。

(1)使用可灵生成视频

打开可灵的主页,选择"AI 生视频",选择"图生视频"上传我们的参考图,如图 8-5 所示。

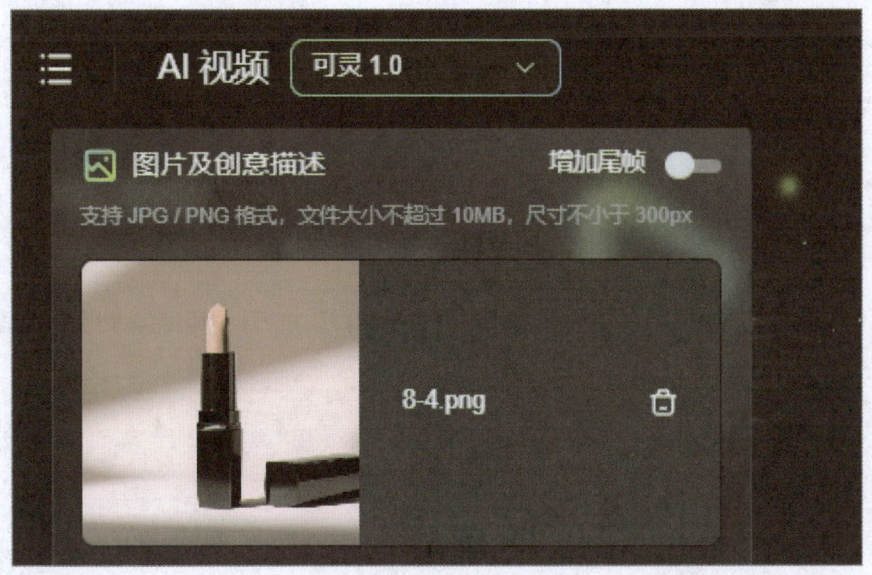

图 8-5 可灵"图生视频"

选择后面的"参数设置",调整生成时长、输入不希望呈现的内容为"模糊,毁坏"等,点击"立即生成",等待片刻,即可生成关于口红的视频,如图8-6所示。

图8-6 "可灵"生成的口红的视频

我们将这个视频放入剪映中重复上面的步骤,即可将文案,放入视频中,在此不做展示。

(2)使用剪映生成视频

如图8-7所示,首先在剪映中点击"开始创作"按钮,即可跳转到操作页面。

图 8-7 剪映"开始创作"按钮

在剪映的创作页面,依次选择"AI 生成""视频生成",然后上传图 8-4 的口红参考图。

然后结合实际情况,选择运动速度、运镜方式后点击"立即生成"即可生成如图 8-8 所示的视频。

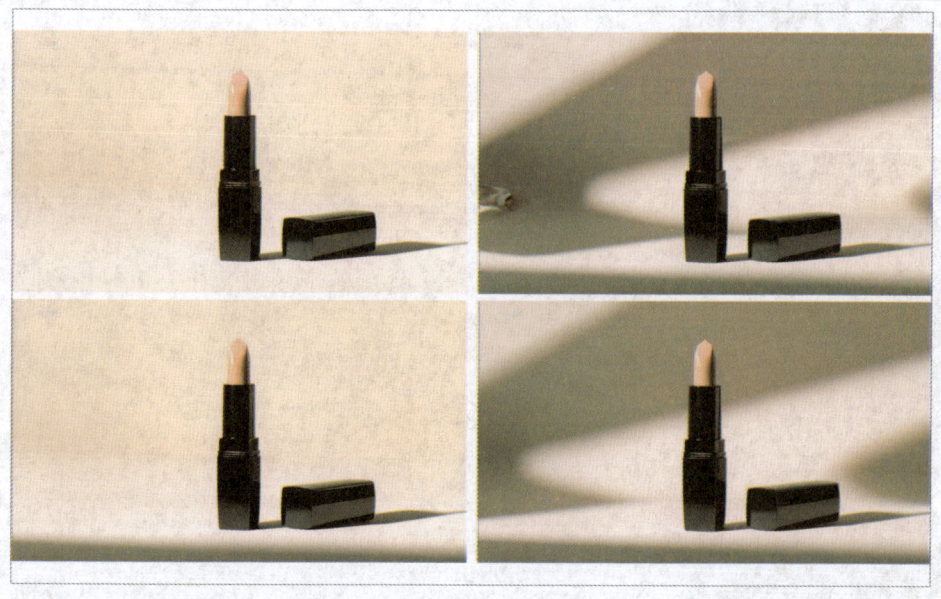

图 8-8 剪映生成的视频

第 9 章

AI 帮你创建直播虚拟数字人

数字化时代，AI 文案、AI 绘画和 AI 数字人相继出现并渗透到各行各业中，AI 虚拟数字人作为一种新的应用形式，受到广泛的关注。在电商直播的过程中，同样也可以使用虚拟直播数字人来提供服务。

9.1 虚拟数字人基础知识

9.1.1 虚拟数字人的定义和特征

从早期的 CGI 技术到现在的人工智能和实时渲染技术，数字人的发展历程反映了技术的不断进步，以及其在各行业中的广泛应用。20 世纪末至今，随着计算机图形学、深度学习等技术的成熟，数字人逐步走向商用化和多元化。简单来说，数字人通常指的是在虚拟空间中生成的、具备人类形象和交互功能的虚拟存在，它可以包含有不同的形式，比如虚拟偶像、虚拟客服和智能助理等等。

虚拟数字人是立足为人类带来更真实的情感互动而产生的，它在一定程度上打破了计算机给人冷冰冰、生硬、机械的印象，而且在视觉形象上能够拉近与人的心理距离。实际上虚拟数字人是一种通过计算机技术生成的"数字化"人，可以在屏幕上表现出和真人相似的外貌、表情和动作。它们通常由人工智能驱动，能够在互动中表现出情绪、回应问题，甚至根据特定需求完成任务，比如客服、虚拟主播等。简单来说，虚拟数字人就像是一个在虚拟世界中活跃的"数字替身"，不需要真人来操控，却可以以高度逼真的方式与人沟通。这种技术被广泛应用在娱乐、教育、直播、广告等领域，帮助品牌或企业以创新的方式和用户互动。

9.1.2 虚拟数字人的应用前景

虚拟数字人技术的应用前景十分广阔，涵盖了多个领域：

（1）娱乐与媒体

在虚拟偶像、虚拟主播和虚拟主持人等领域，虚拟数字人已成为娱乐产业的重要组成部分。它们可以参与直播、演唱会等活动，还可以通过 AI 技术与观众互动，为娱乐内容增添新奇体验。

（2）教育与培训

虚拟数字人可以在教育和职业培训中充当智能助教、虚拟讲师等角色，为学生和员工提供定制化的学习内容。例如，它们可以在医学或飞行训练中模拟真实的场景，帮助学员提高实战能力。

（3）商业与营销

虚拟数字人可应用于品牌代言、产品推广和客服系统。品牌可以创造专属的虚拟形象以传递品牌文化和理念，同时通过虚拟客服提高客户体验，实现全天候服务。

（4）医疗与心理健康

虚拟数字人可以在心理咨询、医疗诊断和健康监测等方面应用。它们可以作为心理健康助理，为用户提供情绪引导和压力管理；在远程医疗中，它们也可辅助医生与患者沟通。

（5）智慧城市与公共服务

在智能政务、智能交通和公共安全等领域，虚拟数字人可以充当虚拟接待员、导览员和问询员。例如，在智慧城市的服务窗口中，虚拟数字人可以提供无接触咨询服务，提升服务效率。

（6）游戏与元宇宙

随着元宇宙概念的兴起，虚拟数字人将成为虚拟世界中的重要元素。它们可以充当游戏角色、虚拟导游，甚至是用户的替身，为用户在虚拟空间中的探索与社交提供更多可能性。

（7）零售与电商

在零售和电子商务领域，虚拟数字人可以作为虚拟购物助手，帮助消费者挑选商品，模拟试穿，提升购物体验，同时也能够通过数据分析提供个性化推荐。

（8）个性化社交与伴侣

随着 AI 技术的成熟，虚拟数字人可以作为个人助理或虚拟伴侣，满足用户的情感需求。它们可以在用户需要时进行陪伴、聊天，甚至帮助处理日常事务。

（9）影视与广告制作

虚拟数字人能够替代真人演员完成一些高风险或耗费资源的镜头，降低制作成本。它们可以出现在广告中，为品牌赋予独特的个性，实现更具互动性的广告体验。

虚拟数字人技术的发展，推动了各行业的创新，使人与人、人与物之间的互动更加智能和多元化。

9.1.3 虚拟数字人的商业价值

虚拟数字人已经渗透到了各个领域，成为不可或缺的一股新兴力量，这与其价值有密切联系。虚拟数字人的商业价值主要有以下几个方面。

（1）品牌形象的塑造与传播

虚拟数字人可以为品牌建立独特而持久的形象，成为品牌的代言人或代表。与传统的代言人不同，虚拟数字人不受年龄、时间或地域的限制，因此可以长期保持一致的品牌形象，确保品牌信息不受任何外部因素的干扰。品牌可以根据市场需求和目标群体，设计出具有鲜明特色的虚拟人，这样他们能够更贴近消费者。例如，快时尚品牌可以创造一个充满青春活力的虚拟模特，而奢侈品牌则可以设计一个优雅的虚拟名媛。通过社交媒体和各种线上平台，虚拟数字人可以不断与受众互动，使得品牌形象深入人心。此外，虚拟数字人能够根据用户数据做出更加个性化的互动和展示，增强用户的认同感和归属感，从而有效提高品牌的市场认知度和忠诚度。

（2）降低营销成本，提高营销效率

使用虚拟数字人可以帮助企业大幅降低营销成本，尤其是那些涉及真人明星或名人的营销活动。真人代言人不仅需要支付高昂的代言费用，还有可能受到负面新闻的影响，给品牌带来不可控的风险。而虚拟数字人则不存在这些问题，它

们的形象可以被完全掌控，不会受到不可预见的外部因素的影响。此外，虚拟数字人的形象可以根据市场变化迅速调整，甚至进行多场景、多任务的使用，比如直播、短视频、社交平台互动等。虚拟数字人能够同时在多个平台和渠道执行品牌推广任务，这意味着同一个形象可以同时进行多项任务，提高了整体的营销效率。例如，虚拟主播可以在 24 小时全天候进行带货直播，不需要休息，从而显著提高了产品曝光度和销售机会。

（3）创新互动体验，增加用户黏性

虚拟数字人能够为消费者带来前所未有的互动体验，从而增强用户黏性。虚拟人可以被设计得栩栩如生，能够与用户进行有趣的对话和互动，甚至可以根据用户的情绪和行为作出反应。这种新颖的互动方式，特别是在元宇宙或虚拟现实等环境中，能够极大地增强用户的沉浸感和参与感。比如，在品牌的虚拟展厅中，虚拟数字人可以作为导游，陪同用户参观并解答各种问题，增加用户对品牌的好感度和信任感。相较于传统的网页和文字介绍，虚拟数字人能够让用户更自然地获取信息，并且在互动过程中建立情感连接，从而让用户愿意花更多时间与品牌进行互动。通过这种独特的互动体验，品牌不仅可以留住用户，还可以在潜移默化中加深用户的忠诚度。

（4）个性化定制与精准营销

虚拟数字人具有很高的可定制性，这使得他们能够精确定位不同的目标群体并传递特定的营销信息。例如，基于用户数据分析，企业可以为不同的客户群体设计不同风格的虚拟数字人，通过分析用户的兴趣和偏好，虚拟人可以在互动中推荐适合的产品和服务，从而实现更具针对性的营销。相对于传统的广告投放方式，虚拟数字人可以通过自然语言对话与用户建立联系，并在互动中向用户推荐个性化的产品，提升购买转化率。此外，通过与用户在社交平台上的持续互动，

虚拟数字人能够实时了解用户的兴趣变化，并做出相应的营销策略调整，从而达到更为精准的营销效果。这种高效、个性化的定制服务能够让用户感受到品牌的用心，提升用户体验和满意度。

（5）数据收集与消费者洞察

虚拟数字人可以在与用户互动的过程中不断收集数据，从而为企业提供深度的消费者洞察。通过分析用户在互动中的行为数据，如点击、提问、购买意图等，虚拟数字人能够帮助企业更好地了解用户的需求和兴趣点。相较于传统的市场调研方法，虚拟数字人所收集的数据更加实时和真实，因为用户在与虚拟人交流时的表现往往比填写问卷或参与调查时更加自然和坦诚。这些数据可以帮助企业优化产品设计、改进用户体验，并制定更加精准的市场策略。一家化妆品品牌通过虚拟数字人与用户的对话了解到，用户对某类护肤品的需求很高，但市面上缺少符合他们要求的产品，品牌可以据此推出满足用户需求的新产品，从而提高市场占有率。这种数据驱动的消费者洞察不仅能够提升企业的决策效率，还能帮助品牌建立以用户为中心的商业模式。

9.2 实战之虚拟数字人创建

AI 虚拟数字人为电商直播带货提供了全新的视角和思路，比如在一些直播平台上，AI 虚拟数字人可以作为带货达人，为消费者提供更为个性化的购物建议，本节内容以某平台好物种草的综合性案例来展示虚拟数字人的创建过程。

9.2.1 虚拟数字人文案生成

对于虚拟数字人来说，其生成的工具都支持文本和语音的驱动，但是其在创建时并没有文本生成的功能，所以我们可以借助 AI 工具来生成驱动数字人时所需要的文案内容。

在 AI 工具的聊天界面，输入如下提示词，让 AI 充当带货主播的角色，并且给出具体的带货主题。

> **问：**
>
> 请你作为一位带货主播，模仿小红书平台的文案风格，撰写一段化妆品套装开箱的短视频带货口播文案。
>
> **答：**
>
> 🎆☀宝宝们，你们期待的奇迹时刻来啦！👀✨今天，我手里拿的不仅仅是一个包裹，它是通往美丽王国的神秘钥匙🗝，准备好和我一起揭开它的神秘面纱了吗？👀💕
>
> 📦拆箱的那一刻，我的心跳都加速了！💗 看这精致的包装，高级感扑面

而来，简直是视觉与触觉的双重盛宴！👑 每一个细节都透露着品牌的匠心独运，让人爱不释手！💝

💝首先，让我们来看看这套装的C位——明星单品！这瓶精华液，简直是水光肌的秘密武器！✨ 每一滴都蕴含了满满的活性成分，轻轻一抹，肌肤立刻喝饱水，弹润透亮，仿佛能掐出水来！

♀再来，这套装的面霜，简直是干皮亲妈！🧴 质地醇厚但不油腻，一抹即化，深层滋养，第二天醒来，你会发现肌肤像婴儿般细腻柔软，嫩滑到不行！💦✨

💄还有还有，别忘了这套装的隐藏宝藏——眼影盘！🖌 色彩饱满，持久不脱妆，无论是日常通勤还是派对女王，一盘在手，随心所欲切换风格，让你的眼神电力十足，迷人指数爆表！💝✨

🎁而且哦，这套装还超级划算，平时单品加起来的价格，现在一套带走，简直是捡到宝的感觉！🎁 库存有限，手慢无哦！赶紧加入购物车，和我一起变美吧！🛍

✏别等了，宝贝们，美丽不等人，让我们一起拥抱这份来自肌肤深处的宠爱，成为更好的自己！💝✨你的美丽，我来守护，我们下次直播见！👋💕

#美妆开箱# #护肤套装# #变美神器#

根据上面所生成的文案，可以进一步优化，补充更为详细的商品细节，让AI帮助生成更为精准的文案。

问:

假设你是一位带货主播,请根据我所列出的商品信息,模仿小红书平台的文案风格,撰写一段短视频的带货口播文案。

商品信息:

某明星款化妆品套装,其中有水、乳液、精华霜和眼霜

商品亮点:

五折销售,仅需398。补水保湿、淡斑祛印。

答:

🌟宝宝们,今天我要给你们带来一个超级劲爆的好货!👀✨你们期待的某明星同款化妆品套装,终于来啦!💕

💪首先,让我们来看看这套装的豪华阵容:水、乳液、精华霜和眼霜,一站式满足你的日常护肤需求!💦✨每一款产品都是精心研制,专为追求美丽肌肤的你而设计。

💧说到水,这款化妆水简直是补水神器!💧它能够迅速渗透肌肤,为肌肤带来持久的水分锁护,让你的肌肤像喝饱水一样,饱满弹润!✨

❎乳液质地轻盈,一抹即化,不仅能够深层滋养肌肤,还能形成一层保护膜,锁住水分,让你的肌肤全天候保持水润状态!💧✨

🤎精华霜更是这套装的亮点之一!它蕴含丰富的活性成分,能够深入肌底,淡化斑点,去除痘印,让你的肌肤焕发自然光彩!✨

👀而眼霜则是呵护眼部肌肤的必备神器!它能够淡化细纹,消除黑眼圈,让你的双眼焕发青春活力!✨

🌟而且哦,今天这套某明星同款化妆品套装,五折销售,仅需398!💰是的,你没听错,就是398!这么豪华的配置,这么优惠的价格,简直是捡到宝的感觉!💕

🛒库存有限,手慢无哦!赶紧加入购物车,和我一起变美吧!💕让我们一起拥有水嫩弹润、无瑕透亮的肌肤,成为众人瞩目的焦点!✨

✏️别等了,宝贝们,美丽不等人,赶紧抢购吧!💕你的美丽,我来守护,我们下次直播见!👋💕

#某明星同款# #五折优惠# #补水保湿淡斑祛印#

9.2.2 虚拟数字人模板选择

现阶段的虚拟数字人创建还需要借助一些专业工具，本书中将使用"腾讯智影"来进行创建。

首先进入"腾讯智影"的主页，使用微信或者 QQ 登录即可。

登录成功即进入腾讯智影的操作界面，如图 9-1 所示，依次选择"创作空间""数字人播报"进入数字人创建页面。

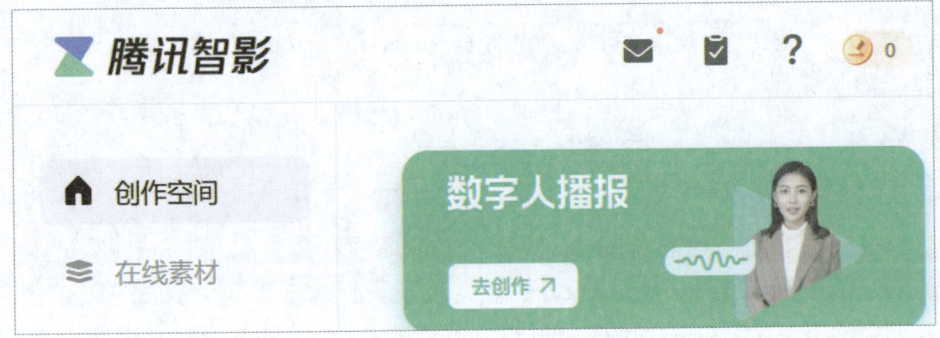

图 9-1 腾讯智影数字人创建

在其模板页面可以看到，有众多免费的数字人形象，如图 9-2 所示，我们可以点击使用一个模板。

图 9-2 腾讯智影数字人模板选择

如图 9-3 所示，直接点击适合我们使用风格的数字人即可。

图 9-3 选择合适的虚拟数字人

9.2.3 使用文本让数字人"动"起来

在这一部分，将使用 9.2.1 中借助 AI 工具生成的文案，更好地驱动数字人。其操作主要在数字人选择页面的右侧操作区，如图 9-4 所示。

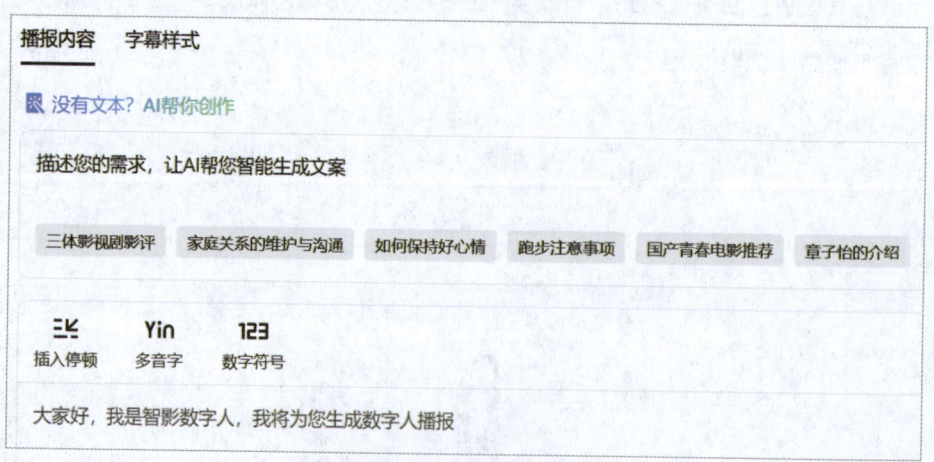

图 9-4 数字人选择页面右侧操作区

将文案内容，放入右侧的文本区域。我们可以在下方调整其播报音色，如图 9-5 所示。

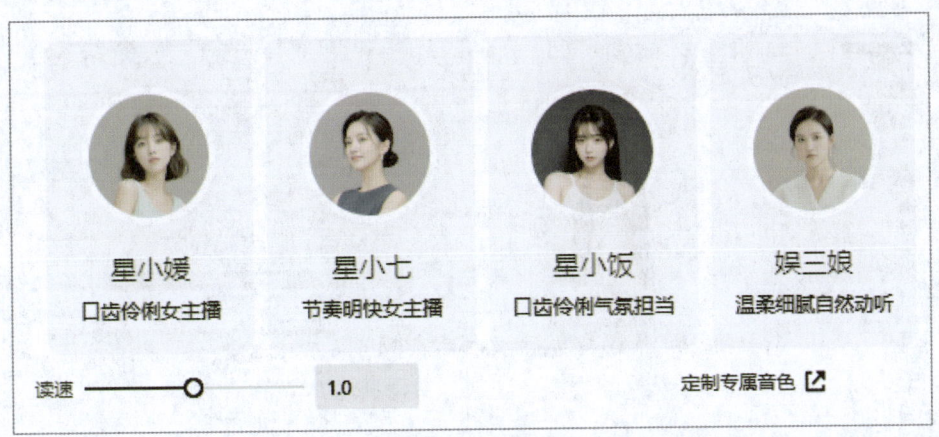

图 9-5 音色调整

选择合适的音色后，点击下方的"保存并生成播报"按钮，如图 9-6 所示。

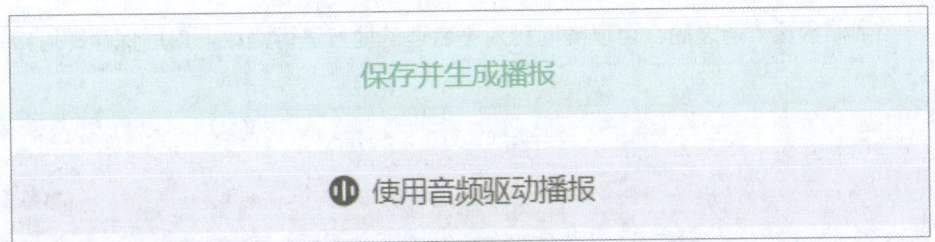

图 9-6 保存生成按钮

即可根据文字的内容生成相应的语音播报,同时,数字人的时长也会根据文本配音时长而改变,如图 9-7 所示。

图 9-7 数字人轨道替换

我们预览一遍之后,可以随时针对不合适的地方进行修改,最后保存即可。

写在最后

本书借助 AIGC 以及其所提供的各种强大的工具，探索了如何在竞争激烈的电商直播领域脱颖而出，从直播达人的培养，到挑选爆款商品，再到策划直播文案、设计直播图片、制作直播短视频，乃至创建虚拟数字人，每一步都为构建一个完美的电商直播体验提供了支持和指导。

电商直播是当下最火热的线上购物模式之一，它打破了传统销售的边界，把商品展示、互动和即时购物结合在了一起。直播达人的风采、合适的商品选择、创意的文案与精致的场景布置，都是直播成功的关键。而 AIGC 的出现，帮助我们用更加智能、高效的方式应对这些挑战，从而使得每一个人都有可能成为一位出色的直播达人。

本书为广大读者提供了一条从零开始了解并掌握 AI 工具助力电商直播的实用路径。电商直播是一个充满无限机遇的领域，而 AIGC 为它注入了强大的创新力量。从初学者到想要更进一步的主播，这本书都能提供行之有效的参考和帮助。无论是技能提升、内容创作，还是场景搭建与视觉设计，AI 工具的加入让这一切变得更加容易、更加有趣。希望通过本书，你不仅能学到电商直播的各项实战技巧，更能掌握 AIGC 的使用精髓，在未来的直播事业中如鱼得水，游刃有余。在技术日新月异的今天，只有不断学习、不断尝试，才能抓住新的机遇，成就新的辉煌。愿这本书成为你在电商直播路上的良师益友，陪伴你不断成长，走向成功。该书为开封大学与北京京东世纪信息技术有限公司共同开发，在本书的写作中得到了北京京东世纪信息技术有限公司的大力支持，在此表示感谢。